Rogério Bastos Pimentel Pereira

ANALISE
COMBINATÓRIA E
PROBABILIDADE
PARA CONCURSOS

Teoria e questões comentadas,
334 questões passo-a-passo

Análise Combinatória e Probabilidade para Concursos
Teoria e questões comentadas, 334 questões passo a passo.

Copyright© Editora Ciência Moderna Ltda., 2011.
Todos os direitos para a língua portuguesa reservados pela EDITORA CIÊNCIA MODERNA LTDA.
De acordo com a Lei 9.610, de 19/2/1998, nenhuma parte deste livro poderá ser reproduzida, transmitida e gravada, por qualquer meio eletrônico, mecânico, por fotocópia e outros, sem a prévia autorização, por escrito, da Editora.

Editor: Paulo André P. Marques
Supervisão Editorial: Aline Vieira Marques
Copidesque: Luciana Nogueira
Diagramação: Tatiana Neves
Capa: Cristina Satchko Hodge
Assistente Editorial: Vanessa Motta

Várias **Marcas Registradas** aparecem no decorrer deste livro. Mais do que simplesmente listar esses nomes e informar quem possui seus direitos de exploração, ou ainda imprimir os logotipos das mesmas, o editor declara estar utilizando tais nomes apenas para fins editoriais, em benefício exclusivo do dono da Marca Registrada, sem intenção de infringir as regras de sua utilização. Qualquer semelhança em nomes próprios e acontecimentos será mera coincidência.

FICHA CATALOGRÁFICA

PEREIRA, Rogério Bastos Pimentel
Análise Combinatória e Probabilidade para Concursos
Teoria e questões comentadas, 334 questões passo a passo.
Rio de Janeiro: Editora Ciência Moderna Ltda., 2011

1. Matemática
I — Título

ISBN: 978-85-399-0005-3   CDD 510

Editora Ciência Moderna Ltda.
R. Alice Figueiredo, 46 – Riachuelo
Rio de Janeiro, RJ – Brasil   CEP: 20.950-150
Tel: (21) 2201-6662 / Fax: (21) 2201-6896
LCM@LCM.COM.BR
WWW.LCM.COM.BR

"A vitória é uma questão de tempo para os que nunca desistem de seus objetivos"

Prof. Rogério Bastos.

Dedicatórias

A DEUS, que me mantém as forças diariamente com seu amor.

"À saudosa Mãe Neide Bastos Pereira, que, além do meu nome, também me deu sua força e perseverança".

À minha querida esposa Maria Elane, cujo amor é e sempre será meu maior patrimônio.

Aos professores Waldek Nobre e Sérgio Sayão, que sempre estiveram e estão ao meu lado, até os dias de hoje.

A todos os alunos, que são os grandes responsáveis por estas linhas.

"Não temas, ó terra, regozija-te e alegra-te, porque o Senhor faz grandes coisas."
Jl. 2, 21

O Autor

Rogério Bastos Pimentel Pereira.

Graduado em matemática, foi professor de várias escolas e cursos do Rio de Janeiro como: GPI, Colégio e curso Facto, CEL, MV1, EQUIPE 1, Curso TAMANDARÉ, Colégio CEME, Colégio São Gonçalo, Colégio, Colégio Marília Mattoso, Colégio São José e outros.

Atualmente é professor da Academia do Concurso Público, Curso Servidor, coordenador geral do curso preparatório Polinômios e PROVESP vestibulares e concursos.

Prefácio

Os programas cobrados nos concursos que envolvem matemática têm sido cada vez mais variados, abrangentes e ousados. Em alguns exames, podemos dizer que foi criado um caminho que muitas vezes vai além do que podemos chamar de Raciocínio Lógico, ou seja, são abordados temas como trigonometria, álgebra linear e outros assuntos. A matemática está, sem dúvida nenhuma, entre as matérias que mais reprovam os candidatos nas provas de concurso. Explorada nos exames que envolvem raciocínio lógico, a análise combinatória e a probabilidade exigem do candidato uma atenção toda especial em relação ao desenvolvimento e na resolução das questões. Com um enfoque mais matemático e voltado para construção de um bom desempenho nas provas, este livro foi elaborado tendo o objetivo de ser uma importante ferramenta na mesa de estudos, trazendo uma visão clara, dinâmica e direcionada, não só para aqueles que se encontram no grupo dos que gostam e tem facilidades, mas para aqueles que têm dificuldades em interpretar os enunciados propostos nos problemas. Esta nova visão trará um conceito diferente no tocante a estudar matemática.

O autor.

Sumário

Dedicatórias .... **V**
O Autor .... **VII**
Prefácio .... **IX**

Capítulo 1
Análise Combinatória **1**

    Introdução **1**
    Um pouco da História **1**
    Princípio Fundamental da Contagem **2**
    Arranjos Simples **4**
    Permutação Simples **5**
    Combinação simples **7**
    Aprofundamento **9**
    Arranjo com Repetição **9**
    Permutação com elementos repetidos **10**
    Permutação circular **11**
    Combinação Completa **11**
    Arranjos Condicionados **12**
    Arranjos com Elementos Contíguos **13**
    Combinação Condicional **13**
    Exercícios Comentados: **13**

Capítulo 2
Probabilidade **43**

    Introdução **43**
    Um pouco da história. **43**

Espaço amostral e evento 44
Frequência Relativa 44
Definição de Probabilidade 45
Adição de probabilidades 48
Probabilidade condicional e multiplicação de probabilidades 49
Exercícios Comentados 52

Capítulo 3
Questões de Concurso 111

Análise combinatória. 111
Probabilidade 135

Bibliografia 175

Capítulo 1
Análise Combinatória

Introdução

A maior parte dos alunos que cursaram o 2°grau ou alunos que frequentam cursos preparatórios já se viram confrontados às questões de raciocínio lógico matemático ou questões que envolvem análise combinatória. Mas o que é análise combinatória ?

Se perguntássemos a qualquer aluno do ensino médio, talvez tivéssemos como resposta que é o estudo de combinações, arranjos e permutações. Porém, é uma resposta que poderíamos dizer que é parcial, pois combinações, arranjos e permutações fazem parte desse contexto e são conceitos que nos permitem resolver um tipo de exercício de análise combinatória. Conceituando, podemos dizer que análise combinatória é a parte da matemática que estuda técnicas de contagem ou é responsável pela análise de estruturas e relações que obedecem a certas condições. Duas situações acontecem com frequência em análise combinatória:

I) Provar que existem subconjuntos finitos e que satisfazem certas condições;
II) Classificar os subconjuntos de um conjunto finito.

Um pouco da História

Girolamo Cardano (1501-1576), sem dúvida nenhuma, é um dos maiores matemáticos de todos os tempos. Ele era um intelectual de certa projeção, que se dedicava à medicina, à advocacia, à matemática e às ciências ocultas. Porém foi imputado a ele o pecado do jogo, que era seu vício. A obra de Cardano que é mais conhecida é a Ars Magna que significa a arte maior. Nesta obra, Cardano tratava pela primeira vez da solução de uma equação cúbica e quártica. Entretanto, Cardano também escreveu um pequeno manual do jogador, intitulado Líber de luto alege (O livro dos jogos de azar), que trazia técnicas de equiprobabilidades, ou seja, o montante correto da aposta ser feita por um jogador e qual a possibilidade ϕ de se obter um resultado λ. Também devemos destacar que, no livro, Cardano faz menção à lei $p_n = p^n$, que tratava da probabilidade de um evento de probabilidade δ ocorrer de forma independente ϖ sucessivas vezes; também usou o que ele chamava de lei dos grandes números, questões de que ele foi o pioneiro. Entretanto, ele não considerava esta obra digna de publicação. Esta pode ter sido sua maior contribuição à matemática.

Princípio Fundamental da Contagem

Tomemos o exemplo a seguir para a ilustração do P.F.C.

Imagine três cidades X, Y e Z. Se existem quatro rodovias que ligam a cidade X à cidade Y e cinco que ligam Y a Z, de quantas maneiras diferentes podemos chegar a Z, partindo de X e passando por Y?

Este tipo de problema é muito frequente e vamos resolvê-lo usando as informações mencionadas.

Seja $A = \{a_1, a_2, a_3, a_4\}$ o conjunto de todas as rodovias que ligam X a Y e também seja o conjunto $B = \{b_1, b_2, b_3, b_4, b_5\}$ o conjunto de todas as rodovias que ligam Y a Z.

"Note que" cada modo de viagem de X até Z pode ser expresso pelo par de estradas (a_i, b_j), tal que $a_i \in A$ e $b_j \in B$, daí, temos que o número de pares ordenados ou modos de viajar é $4.5 = 20$.

Tomemos outro exemplo:

Quantos números de dois algarismos (distintos ou não) podem ser formados com os dígitos: 1, 2, 3,...7, 8?

Tomando a ideia anterior, vamos perceber que também podemos considerar o par ordenado de dígitos (a, b), onde $a \in \{1, 2, 3,...,7, 8\}$ e $b \in \{1, 2, 3,...,7, 8\}$. Então podemos concluir que: $8.8 = 64$.

Tomemos outro exemplo:

Quantos números distintos podem ser formados com os dígitos 1, 2, 3,...7, 8?

Note que, agora, os números formados não podem ter repetição, logo podemos denotar o par ordenado (a, b), sendo $a \in \{1, 2, 3,...,7, 8\}$ e $b \in \{1, 2, 3,...,7, 8\}$ com $a \neq b$. Então, podemos concluir que: $8.7 = 56$.

Tomemos outro exemplo:

De quantas formas podemos responder um questionário que contem 12 perguntas, cujas respostas para cada pergunta é sim ou não?

Cada resposta do questionário conta da sequência $(a_1, a_2, a_3, ..., a_{12})$ e que cada elemento $a_1 \in A_1 = \{S, N\}$ e $a_2 \in A_2 = \{S, N\}, ..., a_{12} \in A_{12} = \{S, N\}$. Logo, pelo P.F.C, temos:

$$\underbrace{2.2.,...,2}_{12\,vezes} = 2^{12} = 4096$$

Tomemos outro exemplo:

Uma sala tem 10 portas. De quantas maneiras diferentes esta sala pode ser aberta?

Note que a sala pode ser aberta ao abrirmos 1, 2 ou até 10 portas, logo cada porta pode ficar aberta ou fechada. Porém, devemos excluir possibilidade de que todas as portas fiquem fechadas, daí temos:

$$\underbrace{2.2.,...,2}_{10\,vezes} - 1 = 2^{10} - 1 = 1023 \text{ possibilidades.}$$

Tomemos outro exemplo:

De quantas maneiras um professor de matemática pode escolher um ou mais alunos de um grupo de 6 alunos?

Note que as possibilidades de escolha são (escolher ou não escolher), logo, pelo princípio fundamental da contagem, temos:

$$\underbrace{2.2.,...,2}_{6\,vezes} - 1 = 2^6 - 1 = 63 \text{ possibilidades.}$$

Tomemos outro exemplo:

Quantos números telefônicos de 7 algarismos podem ser formados se os algarismos de 0 a 9 forem usados?

Note que número telefônico faz parte da sequência $(a_1, a_2, ..., a_7)$, onde: $a_1 \in A_1 = \{0, 1, 2, ...,9\}; a_2 \in A_2 = \{0, 1, 2, ...,9\},..., a_7 \in A_7 = \{0, 1, 2, ...,9\}$. Daí termos:

$$\underbrace{10.10.10,...,10}_{7\,vezes} = 10^7.$$

Arranjos Simples

Seja Δ um conjunto de x elementos tal que $\Delta = \{a_1, a_2,..., a_n\}$. Classificamos como Arranjo Simples de n elementos tomados p a p, onde ($o \leq p \leq n$), como aqueles casos em que dispomos dos elementos de um conjunto de n elementos sem repeti-los, de tal forma que a ordem desses elementos seja importante.

Por exemplo: se tivermos um grupo de três pessoas A B C será diferente do grupo de pessoas C A B, ainda que seja formado pelos mesmos elementos desse conjunto.

Dispondo de n elementos distintos para formar grupos de p elementos também distintos, onde $0 \leq p \leq n$, contamos com a expressão matemática:

$$A_p^n = \frac{n!}{(n-p)!}.$$

Observação: Também podemos resolver alguns problemas de arranjos usando o P.F.C.

Tomemos os exemplos a seguir para aplicações dos arranjos simples:

De um baralho de 52 cartas, 3 são retiradas sucessivamente, sem reposição. Quantas sequências de cartas são possíveis obter?

Note que temos uma tripla de cartas (x, y, z), onde x é a 1ª carta extraída; y é a 2ª carta extraída e z é a 3ª carta extraída. Repare que todas são completamente distintas, visto que a extração é feita sem reposição. Logo, temos que:

$$A_3^{52} = \underbrace{52.51.50}_{3\,fatores} = 132.600.$$

Tomemos outro exemplo:

Oito pessoas desejam formar uma chapa para as eleições à presidência de uma empresa. De quantas maneiras distintas pode-se formar uma chapa sabendo que, em cada uma delas, haverá um presidente, um secretário e um tesoureiro?

Fazendo uma chapa (α, ϕ, μ) teremos que o presidente é α; porém a chapa (ϕ, μ, α) o presidente é ϕ. Daí, temos:

$$A_3^8 = \frac{8!}{(8-3)!} = 8.7.6 = 336.$$

Tomemos outro exemplo:

O campeonato carioca chegou à fase decisiva e reuniu as equipes de maior porte do futebol carioca: VASCO, FLAMENGO, BOTAFOGO e FLUMINENSE. De quantas maneiras diferentes podemos obter o campeão, o vice-campeão e o terceiro lugar?

Note que se tivermos: VASCO campeão, FLAMENGO vice-campeão e BOTAFOGO no terceiro lugar não é o mesmo que FLAMENGO campeão, BOTAFOGO vice-campeão e VASCO terceiro lugar. Logo temos:

$A_3^4 = 4.3.2.1 = 24$.

Permutação Simples

Seja Δ um conjunto com n elementos tal que: $\Delta = \{a_1, a_2, ..., a_n\}$. Chama-se Permutação Simples a todos os arranjos onde $n = p$, ou seja, $Pn = A_n^n = n!$, daí temos:

$$P_n = \frac{n!}{(n-n)!} \Rightarrow P_n = \frac{n!}{0!} \Rightarrow P_n = n!,$$

que é a expressão que indica o número de permutações simples de um determinado conjunto.

Tomemos o exemplo:

Determine o número de anagramas da palavra AMOR.

Note que o número de palavras que podem ser formadas será a permutação das letras A, M, O, R, logo teremos: 4.3.2.1 = 24.

Tomemos outro exemplo:

Quantos anagramas com a palavra VESTIBULAR começam e terminam por vogal?

Note que devemos ter: -----,-----,-----,-----,-----,-----,-----,-----,-----,-----
                       Vogal   vogal

Como temos as vogais A, E, I, U, vem: A^4_2 possibilidades para cada uma delas, porém há oito letras que permutarão entre si, logo, o total de possibilidades é $A^4_2 \cdot P_8 = 483.840$.

Tomemos outro exemplo:

Com os números 1, 3, 5 e 7, pode-se formar 24 números. Qual a posição do número 7153.

Para saber a posição do número 7153, basta colocar os números em ordem crescente:

$1 \Rightarrow P_3 = 3! = 6$
$3 \Rightarrow P_3 = 3! = 6$
$5 \Rightarrow P_3 = 3! = 6$
$71 \Rightarrow P_2 = 2! = 2$

Então, temos: $3.3!+2 = 3.6+2 = 20$, ou seja, o número 7153 ocupa a 20ª posição.

Tomemos outro exemplo:

Quantos anagramas existem da palavra TEORIA que começam por vogal?
Note que temos 4 vogais: A, E, I, O, e as outras letras 5 letras vão permutar entre si, logo, temos: $4.5! = 4.120 = 480$.

Tomemos outro exemplo:

Dez pessoas, entre elas Antônio e Beatriz, devem ficar em fila. De quantas formas isso pode ser feito se Antônio e Beatriz devem ficar sempre juntos.

Note que Antônio e Beatriz é o mesmo que Beatriz e Antônio, logo temos 2!. Daí temos:

2! . 9! = 2.9!

Tomemos outro exemplo:

Formados e dispostos em ordem crescente todos os números que se obtém permutando os algarismos 1, 2, 4, 6, 8, que lugar ocupa o número 68.412?

Devemos colocar os números em ordem crescente, ou seja:

$1 \Rightarrow P_4 = 4!$
$2 \Rightarrow P_4 = 4!$
$4 \Rightarrow P_4 = 4!$
$6,1 \Rightarrow P_3 = 3!$
$6,4 \Rightarrow P_3 = 3!$
$6,8,1 \Rightarrow P_2 = 2!$
$6,8,2 \Rightarrow P_2 = 2!$

Logo, a posição do número 68412 é 3.4! + 3.3! + 2.2! + 1 = 95ª posição.

Combinação simples

Seja $\Delta = \{a_1, a_2, ..., a_n\}$ um conjunto qualquer com n elementos. Classifica-se como combinação simples aqueles casos em que dispõe-se de n elementos distintos e, a partir daí, formam-se grupos não ordenados com p elementos, onde ($0 \leq p \leq n$). A ordem de arrumação não altera o grupo. A expressão matemática que define o número de combinações simples é definida por:

$$C_p^n = \frac{n!}{p!(n-p)!}.$$

Tomemos por exemplo:

Quantas saladas contendo exatamente 4 frutas podemos formar se dispomos de 10 frutas diferentes?

Note que temos 10 frutas para serem escolhidas e 4 é o número de frutas que farão parte da salada. Logo, temos:

$$C_4^{10} = \frac{10!}{4!(10-4)!} = \frac{10!}{4!.6!} = \frac{10.9.8.7}{4.3.2.1} = 210$$ saladas.

Tomemos outro exemplo:

Marcam-se 5 pontos sobre uma reta R e 8 pontos sobre outra reta F, paralela a R. Quantos triângulos podem ser formados tomando-se três pontos quaisquer?

Note que o total de pontos é de 13. Logo, temos:

$$C_3^{13} = \frac{13!}{3!.(13-30)!} = \frac{13!}{3!.10!} = \frac{13.12.11}{3.2.1} = 286.$$

Agora, devemos subtrair as possibilidades em que são usados pontos sobre a mesma reta. Então teremos:

$$C_3^5 = \frac{5!}{3!(5-3)!} = \frac{5!}{3!.2!} = 10 \text{ e } C_3^8 = \frac{8!}{3!(8-3)!} = \frac{8!}{3!.5!} = \frac{8.7.6}{3.2.1} = 56.$$

Então teremos como resultado: 286 - 56 - 10 = 220.

Tomemos outro exemplo:

Num grupo de amigos estão 7 homens e 4 mulheres. De quantos modos podemos escolher 6 pessoas, sabendo que se deve ter pelo menos duas mulheres?

Note que podemos ter as seguintes alternativas:

* 4 homens e 2 mulheres;
* 3 homens e 3 mulheres;
* 2 homens e 4 mulheres.

Então teremos:

$$C_4^7.C_2^4 + C_3^7.C_3^4 + C_2^7.C_4^4 = 371$$

Observação: Existe, ainda, esta outra solução: $C_6^{11} - (C_6^7 + 4 \cdot C_5^7) = 371$, ou seja, o total de combinações possíveis menos a soma das combinações que não possuem mulheres e as combinações que possuem apenas uma.

Aprofundamento

A partir de agora, vamos fazer um pequeno aprofundamento neste conteúdo, tendo como objetivo ampliar a visão nos exercícios e na resolução das questões de análise combinatória.

Arranjo com Repetição

Considere um conjunto de n elementos distintos, onde cada um deles possa se repetir até p vezes.

Chamamos de "Arranjo com Repetição" de n elementos, tomados p a p a qualquer agrupamento formado com p desses elementos que tenha um ou mais elementos repetidos, sendo estes diferentes pela ordem ou pela natureza de seus elementos.

Observação: Este tipo de Arranjo também é chamado de Arranjo Completo.

A expressão que nos permite calcular o número de arranjos com repetição é a seguinte:

$(AC)_p^n = n^p$

IMPORTANTE: Como a Permutação é uma particularidade do arranjo simples, não será diferente neste caso. Logo o número de permutações completas é expressa da seguinte forma:

$(PC)_n = n^n$

Exemplo:

Quantos números de dois algarismos podem ser formados com algarismos significativos?

Em nosso sistema de numeração, contamos com os algarismos: 0,1,2,...,9, entretanto, ao formarmos números que sejam significativos, não podemos começar por zero. Daí, todo número significativo de dois algarismos será diferente um do outro pela ordem ou pela natureza. Então temos:

$(AC)_2^9 = 9^2 = 81$.

Exemplo:

Quantos números de três algarismos distintos podem ser formados com algarismos significativos?

Da mesma forma que no exemplo anterior, temos:

$(AC)_3^9 = 9^3 = 729$.

Permutação com elementos repetidos

Vamos considerar a palavra "ANA". Agora, vamos procurar seus anagramas.

Formando-os teremos: ANA*, AA*N, NAA*, NA*A, A*NA, A*NA.

Note que: (1) e (5) são iguais; (2) e (6) são iguais; (3) e (4) são iguais. Então temos: 3! Possibilidades de formação de anagramas com a palavra ANA. De modo geral, temos a expressão:

$$P_{(\alpha!,\beta!,...,\gamma!)}^n = \frac{n!}{\alpha!.\beta!,...,\gamma!},$$

que indica o número de permutações com repetição.

Exemplo:

Quantos anagramas podemos formar com a palavra ARARAQUARA?

$P_{5,3}^{10} = 5040$.

Permutação circular

Os casos de permutações podem variar de acordo com o exercício. Vejamos então:

De quantos modos podemos colocar n objetos distintos em n lugares equiespaçados em torno de um círculo, se considerarmos equivalentes que possam coincidir por rotação?

Antes de fazermos esta análise, devemos levar em conta que, nas permutações simples, os lugares ocupados pelos objetos têm importância, já ao passo que, nas permutações circulares, o que importa é a posição relativa dos objetos. De modo geral, a expressão que nos permite calcular o número de permutações circulares é:

$(PC)_n = (n-1)!$.

Exemplo:

De quantos modos 5 pessoas podem se acomodar em torno de uma mesa redonda?

Solução: com a teoria mencionada, temos:

$(PC)_5 = (5-1)! = 4! = 24$.

Exemplo:

De quantos modos podemos formar uma roda de ciranda com 7 crianças, de modo que duas crianças não fiquem juntas?

Primeiro vamos calcular o número de rodas de cirandas, que é $(PC)_5 = 4! = 24$, que é o número de rodas com as 5 crianças. Agora, devemos notar que há 5 modos de colocar a criança A na roda. Também devemos notar que há 4 modos de colocar a criança B na roda. Logo, teremos:

$4!.5.4 = 24.20 = 480$.

Combinação Completa

Podemos conceituar como combinação completa de n elementos, tomados p a p aos agrupamentos que se podem formar com esses n elementos, de modo que cada agrupamento tenha p elementos, distintos ou não, e difira de todos os outros pelo menos por um de seus elementos. A expressão que nos permite calcular o número de combinações completas é:

$$(CC)_p^n = \frac{(n+p-1)}{n!(p-1)!}.$$

Exemplo:

De quantas formas podemos obter as soluções inteiras e não negativas para a equação linear:

$x + y + z = 5$.

Pela definição dada, temos:

$$\frac{(5+3-1)!}{5!.(3-1)!} = \frac{7!}{5!.2!} = 21$$

Observação: De modo geral, temos o seguinte teorema: o número de soluções inteiras e não negativas da equação

$$x_1 + x_2 + ... + x_n = \frac{(n+p-1)!}{p!(n-1)!}$$

Exemplo:

Quantas são as soluções inteiras e não negativas da equação $x + y = 7$. Pelo teorema temos:

$$\frac{(7+2-1)!}{7!(2-1)!} = 8.$$

Arranjos Condicionados

É quando se estabelece uma condição para o acontecimento do arranjo. Expressa-se através da igualdade:

$x = A_p^n . A_{p-m}^{n-m}$

Arranjos com Elementos Contíguos

São tais que o número de arranjos simples de n elementos, tomados p a p, nos quais se achem sempre juntos (contíguos), em uma ordem qualquer. Expressa-se este tipo de arranjo por:

$x = (p-c-1) \cdot A_c^m \cdot A_{p-c}^{n-m}$

Combinação Condicional

É quando uma condição é estabelecida para que haja uma combinação de resultados. Expressa-se por:

$x = C_p^n - C_p^{n-k}$

Exercícios Comentados:

1) Um homem vai a um restaurante disposto a almoçar um prato de carne e uma sobremesa. O cardápio oferece 8 tipos de pratos distintos de carne e 5 sobremesas diferentes. De quantas formas esse homem pode almoçar neste restaurante?

Solução: Total de pratos de carne 8; 5 representa o total de sobremesas distintas, logo, pelo princípio multiplicativo, teremos 8.5 = 40, que representa o número de refeições diferentes que esse homem pode fazer.

2) Num banco de automóvel, o assento pode ocupar 6 posições diferentes e o encosto 5 posições, independente da posição do assento. Combinando assento e encosto, quantas posições distintas pode assumir esse banco?

Solução: Vamos pensar que cada posição do banco é o par (x, y), onde x é o assento e y é o encosto. Então temos: 5.6 = 30 posições distintas.

3) Uma prova de matemática estava sendo realizada na escola e constava de oito questões do tipo C/E, ou seja, certo ou errado. Quantas sequências de respostas podem ser feitas nesta prova?

Solução: Note que para cada questão temos 2 opções de resposta, ou seja, certo ou errado. Logo, temos: $2^8 = 256$ opções de resposta.

4) Em um teste de laboratório, um professor de química tem disponível nove ácidos diferentes e seis bases também diferentes. Se, em uma aula, o professor prepara três reações de neutralização (*ácido+base→sal+água*), determine o número de aulas necessárias para que ele demonstre todas as reações possíveis.

Solução: Do enunciado temos $\Rightarrow \begin{cases} \text{ácidos} \to 9 \\ \text{bases} \to 6 \end{cases}$

reação *ácido+base→sal+água*, total de 3 reações. Logo: $9.6 \div 3 = 18$ aulas.

5) Em uma excursão, o passageiro deve escolher a categoria de hotel em que se hospedará, ou seja, (turística, turística superior, primeira, luxo) e o regime de alimentação composto das seguintes opções (só café da manhã ou café da manhã mais jantar). De quantos modos distintos o turista poderá fazer a escolha, se os hotéis de luxo só oferecem café da manhã?

Solução: Vamos começar pensando da seguinte forma:

* escolha do hotel $\Rightarrow \begin{cases} \text{turística} \\ t.\text{superior} \\ \text{primeira} \\ \text{luxo} \end{cases}$

* alimentação $\Rightarrow \begin{cases} \text{café} \\ \text{café} + \text{jantar} \end{cases}$

Note que, se for escolhido *café + jantar*, temos $3.2 = 6$. E se for escolhido só café, temos apenas 1 possibilidade. Portanto, temos um total de 7 possibilidades de escolha.

6) Quantos número de 5 algarismos existem que são maiores do que 712654?

Solução: Da aritmética, temos que quem escreve de x para y, escreve $y - x + 1$. Então vamos pensar da seguinte forma: o maior número de 5 algarismos é 99999 e, pelo enunciado, temos que os números devem ser maiores do que 71265. Portanto, a quantidade de números que procuramos é $99999 - 7266 + 1 = 28734$ algarismos.

7) Para os hóspedes que desejam tomar café da manhã no quarto, um hotel oferece as seguintes opções:

* bebidas quentes: chocolate, café puro, chá e café com leite.
* sucos: laranja e abacaxi
* pães: croissaint, pão francês, pão de forma e pão integral.
* queijo: branco e queijo prato.

O hóspede X fez a seguinte solicitação: um suco, um pão e um tipo de queijo. O hóspede Y pediu: uma bebida quente ou suco, um pão e um tipo de queijo. De quantas maneiras diferentes cada hóspede pode ser servido?

Solução: Vamos fazer uma análise bem cuidadosa.

* hóspede X $\Rightarrow \begin{cases} suco \to 2\,possibilidades \\ pão \to 4\,possibilidades \\ queijo \to 3\,possibilidades \end{cases} \Rightarrow$ total de 24 $possibilidades$

* hóspede Y $\Rightarrow \begin{cases} pedindo \to suco, pão, queijo \Rightarrow 24\,possibilidades \\ pedindo \to b.quente, pão, queijo \Rightarrow 4.4.3 = 48\,possibilidades \end{cases}$

Então temos 48 + 24 = 72 formas dos hóspedes serem servidos.

8) Uma pequena locadora de DVDs tem um acervo de 25 filmes de suspense, 30 de ficção, 42 de aventura e 70 de romance. Mediante as informações determine:

a) De quantas maneiras diferentes um cliente pode alugar quatro filmes, sendo todos de gêneros diferentes?
b) Outro cliente pretende alugar exatamente quatro filmes de romance por semana, sem repetir nenhum. Determine o número mínimo de semanas necessárias para que esse cliente assista a todos os filmes do acervo?

Solução: Esta questão tem o mesmo raciocínio da questão anterior.

Acervo da locadora $\Rightarrow \begin{cases} suspense \to 25 \\ ficção \to 30 \\ aventura \to 42 \\ romance \to 70 \end{cases}$

Então, temos:

a) $25.30.42.70 = 2.205.000$ de alugar filmes diferentes;
b) Como são 70 filmes de romance, temos que o número mínimo de semanas será: $70 \div 4 = 17,5$, ou seja, 18 semanas no mínimo.

9) Uma moeda é lançada duas vezes, sucessivamente. Quantas sequências de faces podem ser obtidas e quais são elas?

Solução: Quando se trata de lançamento de moeda, devemos pensar da mesma forma que trataríamos uma questão de conjuntos, pois o número de resultados se dará da forma 2^n. Então, teremos que o número de sequências que podem ser formadas é igual a $2^2 = 4$; e as sequências são: (c,c); (c,k); (k,c); (k,k).

10) Em uma festa, onde há 32 rapazes e 40 moças, 80% das moças e $\frac{3}{8}$ dos rapazes sabem dançar. Quantos pares podem ser formados de modo que:

a) ninguém saiba dançar;
b) apenas uma pessoa saiba dançar.

Solução: Tomemos o seguinte raciocínio. Na festa há $\Rightarrow \begin{cases} rapazes \to 32 \\ moças \to 40 \end{cases}$

80% das moças e $\frac{3}{8}$ dos rapazes sabem dançar, isto é: *sabem dançar* $\Rightarrow \begin{cases} rapazes \to 12 \\ moças \to 32 \end{cases}$

não sabem dançar $\Rightarrow \begin{cases} rapazes \to 20 \\ moças \to 8 \end{cases}$ Agora, podemos responder as perguntas.

a) $20.8 = 160$ possibilidades de formar pares que não saibam dançar;

b) Neste caso, há duas possibilidades: $\Rightarrow \begin{cases} rap.(sabe); moç.(não) \Rightarrow 12.8 = 96 \\ moç.(sabe); rap.(não) \Rightarrow 32.20 = 640 \end{cases}$

Logo temos $96 + 640 = 736$ possibilidades de formar pares que apenas um saiba dançar.

11) Para acessar os serviços de um portal de vendas pela internet, o usuário deve cadastrar uma senha formada por quatro algarismos diferentes. O sistema, entretanto, não aceita as senhas que contenham um ou mais algarismos que sejam correspondentes ao ano de nascimento do cliente. Determine o número de senhas que podem ser cadastradas por clientes que tenham nascido:
* no ano de 1966;
* no ano de 1954;
* no ano de 1999.

Solução: Em nosso sistema de numeração, temos 0,1,2,3,4,5,6,7,8,9, ou seja, dez algarismos.

Note que nos três casos teremos algarismos que vão se repetir. Então temos:

a) 7.6.5.4 = 840
b) 6.5.4.3 = 360
c) 8.7.6.5 = 1680

12) (UF-GO) Uma senha composta de seis algarismos tem as seguintes características:
* seus números são distintos;
* a soma dos dois últimos algarismos deve ser igual a seis.

Com essas características, determine a quantidade de senhas possíveis de serem formadas.

Solução: O primeiro passo é pensar nos números que têm a soma de seus algarismos igual a seis.

Soma seis $\Rightarrow$ (0,6); (1,5); (2,4). Agora, vamos pensar nos algarismos que irão formar a senha. Para tornarmos a ideia mais fácil, vamos supor que esses números sejam o 0 e 6. Logo teremos 8.7.6.5.2.1 = 3360. Como temos três números pares em que seus algarismos somam seis, ficamos da seguinte forma: 3.3360 = 10080 possibilidades

13) Quantos números de três algarismos possuem pelo menos dois algarismos repetidos?

Solução: Primeiro vamos pensar na quantidade de algarismos que podemos formar. Daí teremos o seguinte: $9.10^2 = 900$, pois não podemos começar por zero. Agora, vamos pensar nos números em que não há algarismo repetido. Logo temos 9.9.8 = 648. Note que a diferença entre os valores encontrados é a resposta que procuramos, ou seja, 900 - 648 = 252 números possuem pelo menos dois algarismos repetidos.

14) Uma sorveteria instalada em um parque de diversões vende uma bola de sorvete a R$ 1,00, R$ 2,00 ou R$ 3,00. Os preços variam em função do sabor escolhido. Sabendo que a sorveteria oferece seis sabores na opção mais econômica, quatro sabores a R$ 2,00 a bola e três sabores na opção mais cara, determine o número de maneiras distintas de uma criança gastar R$ 3,00 se ela não pretende repetir nenhum sabor?

Solução: A criança pode gastar R$ 3,00 na opção mais cara, ou seja, uma bola nesta opção logo temos 3 possibilidades; três bolas na opção mais econômica, ou seja 6.5.4 = 120 possibilidades; Duas bolas de R$ 1,00 ou uma bola de R$ 2,00, então temos 6.5.4 = 120 possibilidades. Portanto, o total de possibilidades será 2.120 + 3 = 243 maneiras diferentes de gastar R$ 3,00.

15) (UFRJ) A sequência 1, 3, 5, 8, 13, 18, 22 é uma das possibilidades de formar um sequência de sete números, começando em 1 e terminando em 22, de forma que cada número da sequência seja maior do que o anterior e que as representações de dois números consecutivos na sequência estejam conectadas no diagrama abaixo por um segmento.

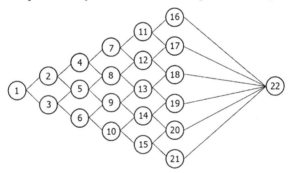

a) Quantas sequências diferentes, com essas características, podemos formar?
b) Quantas dessas sequências incluem o número 13?

Solução: Na letra a, temos $1.2.2.2.2.2.1 = 2^5 = 32$.

Já na letra b, devemos pensar da seguinte forma $\Rightarrow \begin{cases} do \to 1 \Rightarrow há \to 4\,possibilidades \\ do \to 2\,ou\,3 \Rightarrow há \to 4\,possibilidades \\ do \to 5 \Rightarrow há \to 2\,possibilidades \\ do \to 4 \Rightarrow há \to 1\,possibilidade \\ do \to 6 \Rightarrow há \to 1\,possibilidade \end{cases}$

Somando todas as possibilidades temos 4 + 4 + 2 + 1 + 1 = 12 possibilidades.

16) No campeonato brasileiro de futebol de 2005 participaram 22 equipes. Cada time jogou com todos os outros duas vezes, uma no seu campo e a outra no campo do time adversário. De acordo com as regras, quem somasse mais pontos seria o campeão. Quantas partidas foram disputadas naquele campeonato?

Solução: Vamos pensar da seguinte forma: como A e B se enfrentam duas vezes temos $(A, B) \neq (B, A)$, pois são jogos em lugares diferentes. Então temos $A^{22}_2 = 22.21 = 462$, que é o número total de jogos disputados.

17) Em uma mostra internacional de cinema, uma sala dispõe de dez filmes americanos e cinco filmes europeus. O diretor da mostra programou para o dia de estreia, pela manhã, a exibição de dois filmes americanos. Para tarde, sugeriu a exibição de dois filmes europeus e dois filmes americanos, nesta ordem. Quantas são as sequências possíveis para a exibição dos filmes se nenhum filme será exibido mais de uma vez?

Solução: Na escolha dos filmes da manhã, temos $A^{10}_2 = 10.9 = 90$. Definida essa escolha, podemos definir a escolha dos filmes da tarde, que é $A^5_2 \cdot A^8_2 = 20.56 = 1120$. O número total de possibilidades será $90.1120 = 100.800$ possibilidades.

18) A senha de um cartão eletrônico é formada por duas letras distintas, seguidas por uma sequência de três algarismos distintos. Quantas senhas podem ser confeccionadas?

Solução: O nosso alfabeto é composto de 26 letras e o nosso sistema de numeração é composto de 10 algarismos, então teremos $A^{26}_2 \cdot A^{10}_3 = 650.720 = 468000$ possibilidades.

19) Uma empresa de materiais elétricos fará uma eleição para presidência e vice-presidência. Candidataram-se oito diretores aos cargos. De quantas formas diferentes podemos escolher o presidente e o vice-presidente da empresa?

Solução: Este é caso clássico, pois a ordem é importante. Daí, temos: $A^8_2 = 8.7 = 56$.

20) Uma emissora de televisão está mudando sua programação e passou a exibir 20 programas distintos ao todo.

a) Quantas sequências de seis programas distintos podem ser exibidos em um dia?
b) Se dentre os 20 programas há um musical, de quantas maneiras a programação pode ser escolhida de modo que sempre seja encerrada por um musical?

Solução: A primeira pergunta é $A^{20}_6 = 27.907.200$, que é o total de sequências. Já na segunda pergunta, temos $A^{19}_5 = 1.395.360$, pois devemos escolher 5 programas em 19 possíveis.

21) Para animar uma festa, uma orquestra dispõe de cinco tipos de música: valsa; samba; dance; MPB e rock. De quantas maneiras o anfitrião poderá escolher os ritmos de abertura e fechamento da festa se ele já decidiu manter o samba no restante e não pretende repetir nenhum ritmo?

Solução: Note que serão 2 ritmos a serem escolhidos entre 4, logo $A^4_2 = 4.3 = 12$ possibilidades.

22) Os telefones de uma cidade são formados de oito algarismos e os quatro primeiros formam o chamado prefixo. Num bairro dessa cidade o prefixo é 6239. Para o citado bairro, classifique as sentenças em verdadeira ou falsa.

a) O número máximo de telefones é 10^4;

b) O número máximo de telefones que terminam por um algarismo ímpar é 5.10^3;

c) O número máximo de telefones que terminam por algarismo par é 4800;

d) Não repetindo os algarismos do prefixo, o número máximo de telefones que têm todos os algarismos distintos é $\dfrac{6!}{2}$.

Solução: Vamos analisar todas as alternativas.

1ª) prefixo: 6239 $\Rightarrow$ note que pode haver repetição de algarismos, pois não foi restringido. Daí, teremos: $10.10.10.10 = 10^4$. (V)

2ª) prefixo: 6239 $\Rightarrow$ como deve terminar por algarismo ímpar, temos $5.10.10.10 = 5.10^3$. (V)

3ª) prefixo: 6239 $\Rightarrow$ o número de possibilidades máximas para se terminar por algarismo par é igual a terminar por ímpar, logo $5.10^3 > 4800$. (F)

4ª) prefixo: 6239 $\Rightarrow$ temos quatro algarismos para serem escolhidos em um universo de dez algarismos e, como a ordem é importante, e, no prefixo, já estão fixos quatro algarismos, teremos $A^6_4 = \dfrac{6!}{2}$. (V)

23) Dado um conjunto $A = \{x_1, x_2, x_3, x_4, x_5, x_6\}$. Quantos subconjuntos podemos ser formar?

Solução: Para a formação de subconjuntos devemos notar que serão formados subgrupos onde a ordem não é importante. Logo: $C^6_0 + C^6_1 + C^6_2 + C^6_3 + C^6_4 + C^6_5 + C^6_6 = 64$.

24) (UFPel-RS) Para a confecção de calendários, uma gráfica dispõe de 15 tipos de fotografias e 8 tipos de mensagens que podem ser escritas em português, espanhol ou inglês. Cada calendário confeccionado contém 4 fotografias e 4 mensagens escritas num único idioma. Quantas opções de escolha tem um cliente dessa gráfica que deseje formar um modelo de calendário?

Solução: É importante perceber que, como temos 15 tipos de fotografias e serão escolhidas 4, temos C_4^{15}. Note também que temos 3 idiomas e 8 mensagens para escolhermos 4, logo $3 \cdot C_4^8$. Como está implícito o "e", teremos um produto de combinações, ou seja, $C_4^{15} \cdot 3 \cdot C_4^8 = 286.650$.

25) Numa universidade do Rio de Janeiro, existem 8 professores de matemática e 6 professores de física. No mês seguinte, será feita uma comissão para uma análise do próximo semestre. Quantas comissões de 6 professores podemos formar de modo que:

a) tenham 4 professores de matemática e 2 professores de física?
b) em cada comissão haja pelo menos 2 professores de matemática?

Solução: Vamos fazer a análise de cada um dos itens dados:

1°) temos um total de 8 professores. de matemática para escolher 4 e 6 professores de física para escolher 2, logo temos $C_4^8 \cdot C_2^6 = 1050$ possibilidades;

2°) Quando é mencionado "pelo menos", devemos ficar bem atentos, pois neste caso se temos que ter pelo menos 2 professores de matemática, a comissão pode até todos, só não pode ter menos do que 2. Logo: $C_6^{14} - C_6^6 \cdot C_0^8 - C_5^6 \cdot C_1^8 = 2954$.

26) (TRT) Caso 5 servidores em atividade e 3 aposentados se ofereçam com voluntários para a realização de um projeto que requeira a construção de uma comissão formada por 5 dessas pessoas, dos quais 3 sejam servidores em atividade e os outros 2 sejam aposentados. Então a quantidade de comissões que se poderá formar será igual a:
a) 60
b) 30
c) 25
d) 18
e) 10

Solução: como serão 3 dos 5 em atividade e 2 dos 3 aposentados temos: $C_3^5 \cdot C_2^3 = 10 \cdot 3 = 30$.

27) (ITA-SP) Um general possui n soldados para tomar uma posição inimiga. Desejando efetuar um ataque com dois grupos, um frontal com r soldados e outro da retaguarda com s soldados ($r + s = n$), ele poderá dispor seus homens de:

a) $\dfrac{n!}{(r+s)!}$ maneiras distintas neste ataque;

b) $\dfrac{n!}{r!.s!}$ maneiras distintas neste ataque;

c) $\dfrac{n!}{(rs)!}$ maneiras distintas neste ataque;

d) $\dfrac{2(n!)}{(r+s)!}$ maneiras distintas neste ataque;

e) $\dfrac{2(n!)}{r!.s!}$ maneiras distintas neste ataque.

Solução: Note que a ordem dos soldados não importa na formação do grupo a ser formado. Logo, teremos $C_r^n \dfrac{n!}{r!(n-r)!} \Rightarrow$, mas, daí vem que $s = n - r$, então fica $\dfrac{n!}{r!.s!}$.

28) (Fuvest-SP) O jogo da sena consiste no sorteio de 6 números distintos, escolhidos ao acaso, entre os números 1, 2, 3, ... , até 50. Uma aposta consiste na escolha (pelo apostador) de 6 números distintos entre os 50 possíveis, sendo premiadas aquelas que acertarem 4(quadra); 5 (quina) ou os 6 (sena) números sorteados. Um apostador que dispõe de muito dinheiro para jogar escolhe 20 números e faz todos os $C_6^{20} = \dfrac{20!}{6!.14!} = 38760$ jogos possíveis de serem realizados com esses 20 números. Realizado o sorteio, ele verifica que todos os 6 números sorteados estão entre os 20 números que ele escolheu, além de uma aposta premiada com a sena.

a) quantas apostas premiadas com a quina este apostador conseguiu?
b) quantas apostas premiadas com a quadra ele conseguiu?

Solução: como foram 20 números e só 6 são sorteados, temos que a quina tem 5 números dentre 6 dos números sorteados. O número que falta está entre os números que não foram sorteados, ou seja, 14 números não sorteados. Então teremos $C_1^{14}.C_5^6 = 6.14 = 84$. Na outra alternativa, pelo mesmo raciocínio: $C_4^6.C_2^{14} = 15.91 = 1365$.

29) Durante um exercício da marinha, foram empregados sinais luminosos para transmitir palavras em código. Este código só emprega dois sinais diferentes, cada um correspondendo a determinada letra. As palavras transmitidas tinham de um a seis letras. O número de palavras que podem ser transmitidas é igual a:
a) 30;
b) 15;
c) 720;
d) 126;
e) 64.

Solução: Sua definição se dá pelo somatório dos resultados, ou seja, o número de palavras que podem ser formadas é 2^n. Como vai do número 1 ao 6, temos:
$\sum_{i=1}^{n} (2^1 + 2^2 + 2^3 + 2^4 + 2^5 + 2^6) = 64$ possibilidades.

30) (UF-MG) O jogo de dominó possui 28 peças distintas. Quatro jogadores repartem entre si essa peças 28 peças, ficando cada um com 7 peças. De quantas maneiras distintas pode-se fazer tal distribuição?

a) $\dfrac{28!}{(7!).(4!)}$

b) $\dfrac{28!}{(4!).(24!)}$

c) $\dfrac{28!}{(7!)^4}$

d) $\dfrac{28!}{(7!).(21!)}$

Solução: Note que a distribuição é feita colocando as 28 peças em fila e que podem ser formadas 28! filas dividindo-se em 4 grupos. Como as filas serão diferentes pela ordem, temos 7!.7!.7!.7!. Então teremos $\dfrac{28!}{(7!)^4}$ possibilidades.

31) (ITA-SP) Uma escola possui 18 professores, sendo 7 de matemática, 3 de física e 4 de química. De quantas maneiras podemos formar comissões de exatamente 5 professores de matemática, no mínimo 2 de física e no máximo 2 de química?
a) 875
b) 1877
c) 1995
d) 2877
e) n.d.a

Solução: Vamos raciocinar em cima do número de professores que podemos ter:

1ª possibilidade: $\begin{cases} mat. \Rightarrow 5 \\ fis \Rightarrow 2 \\ quím \Rightarrow 1 \\ outros \Rightarrow 4 \end{cases}$ $\Rightarrow$ 2ª possibilidade: $\begin{cases} mat \Rightarrow 5 \\ fis \Rightarrow 2 \\ quím \Rightarrow 2 \\ outros \Rightarrow 3 \end{cases}$

3ª possibilidade: $\begin{cases} mat \Rightarrow 5 \\ fis \Rightarrow 3 \\ quím \Rightarrow 0 \\ outros \Rightarrow 4 \end{cases}$ $\Rightarrow$ 4ª possibilidade: $\begin{cases} mat \Rightarrow 5 \\ fis \Rightarrow 3 \\ quím \Rightarrow 1 \\ outros \Rightarrow 3 \end{cases}$

5ª possibilidade: $\begin{cases} mat \Rightarrow 5 \\ fis \Rightarrow 3 \\ quím \Rightarrow 2 \\ outros \Rightarrow 2 \end{cases}$

Então teremos:

1) $C_5^7 \cdot C_2^3 \cdot C_1^4 \cdot C_4^4 = 252$;
2) $C_5^7 \cdot C_2^3 \cdot C_2^4 \cdot C_3^4 = 1512$;
3) $C_5^7 \cdot C_3^3 \cdot C_0^4 \cdot C_4^4 = 21$;
4) $C_5^7 \cdot C_3^3 \cdot C_1^4 \cdot C_3^4 = 336$;
5) $C_5^7 \cdot C_3^3 \cdot C_2^4 \cdot C_2^4 = 756$.

Somando os resultados temos: 252 + 1512 + 21 + 336 + 756 = 2877.

32) (UECE) Sabendo que $1(1!)+2(2!)+3(3!)+...+n(n!)=(n+1)!-1$, onde $n \in \{1,2,3,4,5,...\}$, pode-se afirmar que: $\dfrac{1(1!)+2(2!)+3(3!)+...+14(14!)+1}{(12!).(1+2+3+...+14)}$ é igual a:
a) 20
b) 22
c) 24
d) 26
e) n.d.a

Solução: Pela sentença que foi dada, temos $\Rightarrow \dfrac{(14+1)!-1}{12!.\dfrac{(1+14).14}{2}} = \dfrac{15!}{12!.15.7} = 26$

33) (PETROBRAS) Para se cadastrar em determinado site, é necessário criar uma senha numérica de seis dígitos. Pedro vai utilizar os algarismos da data do nascimento de seu filho, 13/5/1997. Se Pedro resolver fazer uma senha com algarismos distintos e iniciada por um algarismo ímpar serão n possibilidades. Pode-se concluir que n é igual:
a) 600;
b) 720;
c) 1440;
d) 2880;
e) 6720.

Solução: de 0 a 9, temos 5 números ímpares e 5 números pares; a data do nascimento tem 5 números distintos e um repetido, logo teremos que n será $5.5! = 5.120 = 600$.

34) (IME-RJ) Um comandante de companhia convocou voluntários para a constituição de 11 patrulhas. Todas elas são formadas pelo mesmo de homens e cada homem participa de exatamente duas patrulhas. Cada duas patrulhas têm apenas um homem em comum. Determine o número de voluntários e os integrantes de uma patrulha.

Solução: como são 11 patrulhas, necessariamente teremos 10 voluntários, pois cada membro também pertencerá a uma outra das 10 restantes, logo temos que o número de voluntários será dado por $\dfrac{11.10}{2} = 55$ patrulhas e cada uma delas terá 5 membros.

35) (UFF-RJ) Dispondo de 10 questões de álgebra e 5 de geometria, uma banca deseja preparar provas de forma tal que cada uma contenha ao menos uma questão diferente das demais. Sabendo que cada prova deverá conter 5 questões de álgebra e 3 questões de geometria.

Determine quantas provas podem ser preparadas.

Solução: podemos pensar da seguinte forma: $\begin{cases} álgebra \Rightarrow 10 \to questões \\ geometria \Rightarrow 5 \to questões \end{cases}$
$\Rightarrow C_5^{10} \cdot C_3^5 = 2520$.

36) Quantas diagonais possui um polígono regular de n lados?

Solução: o polígono tem vértices $A_1, A_2,...,A_n$, que formam pares não ordenados, daí temos C_2^n. Porém, entre esses segmentos, estão os lados e as diagonais. Como existem n lados, teremos: $C_2^n - n = \dfrac{n!}{2!(n-2)!} - n \Rightarrow \dfrac{n(n-3)}{2}$.

Que define o número de diagonais de qualquer polígono.

37) (E.Naval) A E.Naval receberá 20 novos oficiais, entre fuzileiros, intendentes e oficiais da armada. De quantos modos pode ser preenchido o efetivo da E.Naval se deve haver entre os 20 novos oficiais pelo menos dois fuzileiros, pelo menos dois intendentes e pelo menos dois do corpo da armada?
a) 40
b) 80
c) 100
d) 120
e) 420

Solução: este tipo de problema é análogo ao problema que propõe o número de soluções inteiras de uma equação linear. Vamos proceder da seguinte forma, de acordo com as informações dadas:

Daí, que $(CC)_p^n = \dfrac{(n+p-1)}{n!(p-1)!} \Rightarrow \begin{cases} n = 14 \\ p = 3 \end{cases} \Rightarrow x = \dfrac{(14+3-1)!}{14!.2!} \Rightarrow x = 120$ possibilidades.

38) (ESFAO) Uma prova consta de 40 questões com 5 alternativas cada uma, sendo apenas uma a correta.

De todas as possibilidades de respostas para essa prova, assinale a alternativa que indica o número de cartões com exatamente 35 questões corretas.
a) $4^5 \, C_5^{40}$
b) $4C_4^{35}$
c) $4! \, C_4^{35}$
d) $4! \, C_5^{40}$
e) C_{35}^{40}

Solução: como somente uma é a alternativa correta e são 40 questões distintas, temos como opção correta a alternativa que contém $4^5 \, C_5^{40}$.

39) (ITA-SP) Quantos anagramas com 6 caracteres distintos podemos formar usando as letras da palavra QUEIMADO, anagramas estes que contenham duas consoantes e que, entre as consoantes, haja pelo menos uma vogal?

Solução: Vamos pensar da forma $\Rightarrow \begin{cases} consoantes \to 3 \Rightarrow para \to 2\,posições \\ vogais \to 5 \Rightarrow para \to 4\,posições \end{cases}$

Logo teremos $\Rightarrow C_2^3 \cdot C_4^5 \, (P_6 - 2P_5) = 3.5 \, (720 - 240) = 7200$ anagramas.

40) (E.Naval) São dados 8 pontos sobre uma circunferência. Quantos são os polígonos convexos cujos vértices pertencem ao conjunto formado por esses 8 pontos?
a) 219
b) 224
c) 1255
d) 2520
e) 40320

Solução: como temos 8 pontos teremos $C_3^8 + C_4^8 + C_5^8 + C_6^8 + C_7^8 + C_8^8 \Rightarrow 219$.

41) (UFF-RJ) O produto $20.18.16.14.,...,6.4.2$ é equivalente a:

a) $\dfrac{20!}{2}$

b) $2.10!$

c) $\dfrac{20!}{2^{10}}$

d) $2^{10}.10!$

e) $\dfrac{20!}{10!}$

Solução: Note que: $\underbrace{20}_{2.10}.\underbrace{18}_{2.9}.\underbrace{16}_{2.8}\underbrace{14}_{2.7}......\underbrace{6}_{2.3}.\underbrace{4}_{2.2}.\underbrace{2}_{2.1}$, que pode ser escrito da seguinte forma:

$\underbrace{2.2.2.2.2.2.2.2.2.2}_{10\,vezes}.\underbrace{10.9.8.7.6.5.4.3.2.1}_{10!} \Rightarrow 2^{10}.10!$.

42) Roberto deseja prestar vestibular para quatro faculdades de medicina. Ele selecionou quatro faculdades na capital e cinco no interior. De quantas formas ele poderá escolher as quatro de modo que não mais que duas faculdades escolhidas sejam do interior?

Solução: Podemos pensar da seguinte forma:

* nenhuma do interior e quatro da capital: $\Rightarrow C_4^{\,4}$
* uma do interior e três da capital: $\Rightarrow 5.C_5^{\,4} \Rightarrow 5.C_3^{\,4}$
* duas do interior e duas da capital: $\Rightarrow C_2^{\,5}.C_2^{\,4}$

Somando os resultados teremos $1 + 20 + 60 = 81$, que representa o total de possibilidades.

43) Uma olimpíada de matemática foi realizada em uma escola do Rio de Janeiro. Ao final da competição, dois alunos terminaram empatados com o mesmo número de pontos, acertos e erros. Para que se apontasse o campeão, o professor de matemática propôs um problema que dizia que em um baralho com 52 cartas, quatro cartas foram extraídas simultaneamente. A pergunta era: Quantos resultados apresentavam exatamente dois ases? Juliana foi a grande campeã, determine a solução de Juliana:

Solução: como são 4 cartas, temos: $\begin{cases} ases \to 2 \Rightarrow C_2^{\,4} \\ não(ases) \Rightarrow C_2^{\,48} \end{cases}$,

Logo $\Rightarrow C_2^{\,4}.C_2^{\,48} = 6.1128 = 6768$.

44) (UFF-RJ) Uma agência de turismo está fazendo uma pesquisa entre seus clientes para montar um pacote de viagens à Europa e pede aos interessados que preencham o formulário abaixo com as seguintes informações:

* a ordem de preferência entre as 3 companhias aéreas com que trabalha a agência;
* a 1ª e 2ª opções dentre 4 possíveis datas de partida apresentadas pela agência;
* os nomes de 4 cidades diferentes a serem visitadas, que devem ser escolhidas de uma lista de 10 fornecida pela agência (sem ordem de preferência).

Preencher todos os campos, sem repetição.

Companhias aéreas	datas	Cidades (ordem indiferente)
1ª	1ª opção	
2ª	2ª opção	
3ª	2ª opção	

Supondo que nenhum campo seja deixado em branco, determine de quantas maneiras diferentes pode o formulário ser corretamente preenchido.

Solução: Pelo formulário dado, temos: $\begin{cases} C.aéreas \to P_3 \\ datas \to A_2^4 \\ cidades \to C_4^{10} \end{cases} \Rightarrow 6.12.210 = 15120$ possibilidades.

45) (PUCCAMP-SP) Em uma sacola há 20 bolas de mesma dimensão: 4 são azuis e as restantes vermelhas. O número de maneiras distintas que se pode extrair um conjunto de 4 bolas desta sacola de modo que haja pelo menos uma azul dentre elas é:

a) $\dfrac{20!}{16!}$

b) $\dfrac{20!}{16}$

c) $\dfrac{20!}{12!}$

d) $\dfrac{1}{4!}\left(\dfrac{20!}{16!} - \dfrac{16!}{12!}\right)$

e) n.r.a

Solução: O enunciado diz que apenas uma deve ser azul, então teremos $\dfrac{1}{4!}$ de que seja pelo menos uma azul, mas podemos ter 1 azul e 3 vermelhas ou 2 azuis e 2 vermelhas ou ainda 3 azuis e 1 vermelha ou ainda 4 azuis, isto é, possibilidades.

46) (Unirio-RJ) Uma pessoa quer comprar 6 empadas numa lanchonete. Há empadas de camarão, frango, legumes e palmito. Sabendo que podem ser compradas de zero a 6 empadas de cada tipo, de quantas maneiras diferentes esta compra pode ser feita?

Solução: Vamos pensar da seguinte forma, e chamando camarão de (c), frango de (f), legumes de (L) e palmito de (p) e fazendo-os de x, y, z, w, teremos uma equação do tipo: $x + y + z + w = 6$.

Note que esta equação só pode ter valores que sejam naturais, então podemos usar a teoria: $(CC)_p^n = \dfrac{(n+p-1)!}{n!(p-1)!}$, daí $\dfrac{(6+4-1)!}{6!(4-1)!} = \dfrac{9!}{6!.3!} = \dfrac{9.8.7}{3.2.1} = 84$.

47) (UFF-RJ) Em todo os 53 finais de semana de um certo ano, Júlia irá convidar duas de suas amigas para sua casa em Teresópolis, sendo que nunca o mesmo par de amigas se repetirá durante o ano.

a) Determine o maior número possível de amigas que Júlia poderá convidar.
b) Determine o menor número possível de amigas que ela poderá convidar.

Solução: Vamos fazer uma análise das opções dadas:

$\begin{cases} 1^a \text{ opção} \to 2!.53 = 106 \text{ possibilidades} \\ 2^a \text{ opção} \to C_2^n > 53 \end{cases}$

Logo teremos a equação: $\dfrac{n!}{2!(n-2)!} > 53 \Rightarrow n^2 - n - 106 > 0$;

as raízes dessa equação são: $\begin{cases} \dfrac{1-\sqrt{425}}{2} \\ \dfrac{1+\sqrt{425}}{2} \end{cases}$ como só nos importa os valores que são maiores que 53, temos $n = 11$.

48) (Vunesp-SP) A diretoria de uma empresa compõe-se de n dirigentes, contando o presidente. Considere todas as comissões de três membros que poderiam ser formadas com esses n dirigentes. Se o número de comissões que incluem o presidente é igual ao número daquelas que não o incluem, calcule o valor de n.

Solução: O número de comissões que o incluem é C_2^{n-1}, pois com o presidente, sobram 2 vagas;

O número que não o incluem se dá por C_3^{n-1}, pois tirando o presidente, sobram 3 vagas.

Logo teremos $C_2^{n-1} = C_3^{n-1} = \dfrac{1}{2(n-3)!} = \dfrac{1}{6(n-4)!} \Rightarrow n = 6$.

49) Uma classe tem "a" meninas e "b" meninos. De quantas formas eles podem ficar em fila se as meninas devem ficar em ordem crescente de peso, e os meninos também?

Solução: O número de maneiras de dispor as "a" meninas nos $a + b$ lugares da fila é:

$C_a^{a+b} = \dfrac{(a+b)!}{a!(a+b-a)!} = \dfrac{(a+b)!}{a!.b!}$, que é o resultado procurado.

50) (UCDB-MT) Uma mulher tem 10 pares de sapatos, todos diferentes. De quantas formas ela pode selecionar 2 sapatos, sem que eles sejam do mesmo par?

Solução: Primeiro devemos calcular o total de possibilidades, isto é, $C_2^{20} = 190$. Porém, dentre as 190, temos 10 possibilidades de escolhas de um mesmo par. Logo, 190 - 10 = 180 possibilidades.

51) (UFRJ) Para diminuir o emplacamento de carros roubados, um determinado país resolveu fazer um cadastro nacional, em que as placas são formadas com 3 letras e 4 algarismos, sendo que a 1ª letra da placa determina um estado do país. Considerando o alfabeto com 26 letras, qual é o número máximo de carros que cada estado poderá emplacar?

Solução: note que a 1ª letra é determinada, logo teremos $26^2.10^4$ possibilidades.

52) (ITA-SP) Considere os números de 2 e 6 algarismos distintos formados utilizando-se apenas 1, 2, 4, 5, 7 e 8. Quantos destes números são ímpares e começam por dígito par?

Solução: Vamos pensar assim: $\Rightarrow \begin{cases} n=2 \to 3.3=9 \\ n=3 \to 9.A_1^4=36 \\ n=4 \to 9.A_2^4=108 \\ n=5 \to 9.A_3^4=216 \\ n=6 \to 9.A_4^4=216 \end{cases} \Rightarrow \sum_{i=6}^{n}(9+36+108+216+216)=585$

53) (EEM-SP) De quantas maneiras é possível ordenar 2 livros de matemática, 3 de português e 4 de física, de modo que os livros de uma mesma matéria fiquem sempre juntos e, além disso, os de física fiquem, entre si, na mesma ordem?

Solução: fazendo 2M, 3P, 4F, teremos 2!.3!.1! = 12. Como as coleções podem trocar de posição, temos 3!.12 = 72 maneiras.

54) (UEL-PR) Em uma floricultura, estão à venda 8 mudas de cravos e 12 mudas de rosa, todas diferentes entre si. Um cliente pretende comprar 3 mudas de cravos e 4 de rosa. De quantos modos ele pode selecionar as 7 mudas que quer comprar?

Solução: Esta questão pode-se dizer que é clássica, pois seu raciocínio é bem simples. Daí, pensarmos $C_3^8 . C_4^{12} = \dfrac{8!}{3!.5!} . \dfrac{12!}{4!.8!} = 27.720$.

55) Numa cartela de BINGO, os números de 1 a 75 são distintos, sem repetição, da seguinte forma:

* na coluna B: de 1 a 15;
* na coluna I: de 16 a 30;
* na coluna N: de 31 a 45;
* na coluna G: de 46 a 60;
* na coluna O: de 61 a 75;

B	I	N	G	O
2	28	45	48	66
9	30	32	51	75
6	26	δ	60	62
15	17	34	56	71
11	18	38	55	63

Na coluna N existe o símbolo δ, que é chamado de curinga. Num jogo de cartela cheia, vence o jogador que preencher primeiro todos os números da cartela. Quantos jogos diferentes podem ser feitos no jogo de cartela cheia?

Solução: Note que, para cada coluna, temos C_5^{15} possibilidades, porém na coluna N temos C_4^{15}. Então teremos ao todo $(C_5^{15})^4 . C_4^{15}$ possibilidades.

56) (UFRJ) Uma partícula desloca-se sobre uma reta, percorrendo 1 cm para a esquerda, ou para a direita, a cada movimento. Calcule de quantas maneiras diferentes a partícula pode realizar uma sequência de 10 movimentos terminando na posição da partida.

Solução: Note que temos uma permutação com elementos repetidos, pois podemos ter movimentos para um lado ou para o outro. Como temos 5 movimentos para cada lado, então: $P_{5,5}^{10} \dfrac{10!}{5!.5!} = 252$, que é o total de possibilidades.

57) (UERJ) Uma turma de pós-graduação tem aula às segundas, quartas e sextas, das 13h30min às 15h e das 15h30min às 17h. As matérias são Topologia, Equações Diferenciais e Combinatória, cada uma com duas aulas por semana, em dias diferentes. O número de modos diferentes de fazer o horário dessa turma é:
a) 288
b) 48
c) 36
d) 12
e) 6

Solução: Vamos pensar da seguinte forma: $\begin{cases} mat\acute{e}rias \to 3 \Rightarrow (2!)^3 \\ hor\acute{a}rios \to 2 \\ dias(aula) \to 3 \end{cases}$

Pelo princípio multiplicativo, temos $2.3.(2!)^3 \Rightarrow 48$ possibilidades de montar os horários.

58) (UFMS) Sobre análise combinatória, é correto afirmar que:

(01) Se A é o conjunto de números de dois algarismos distintos formados a partir dos dígitos 1, 2 e 3, então o número de elementos de A é 9.
(02) Lançando-se uma moeda 3 vezes, o número de sequências possíveis de cara e/ou coroa é 8.
(04) Com relação à palavra VESTIBULAR, temos 9.4! anagramas que começam com vogal.
(08) Se $A^m_3 = 30m$, então $m = 10$.

Solução: vamos fazer a análise das alternativas:

$$\begin{cases} A = A_2^3 = 3! \to incorreta \\ usando(PFC) \Rightarrow 2.2.2 = 8 \to correta \\ anagramas(n^o) \Rightarrow 4.9! \to incorreta \\ A_3^m = 30m \Rightarrow \dfrac{m!}{(m-3)!} \Rightarrow m = 7 \to incorreta \end{cases}$$

Logo, a soma das alternativas corretas é 2.

59) (Fuvest-SP) Uma classe de Educação Física de um colégio é formada por dez estudantes, todos com alturas diferentes. As alturas dos estudantes, em ordem crescente, serão designadas por $h_1, h_2, ..., h_{10}$, ($h_1 < h_2 < ... < h_9 < h_{10}$). O professor vai escolher cinco desses estudantes para participar de uma demonstração na qual eles se apresentarão alinhados em ordem crescente de alturas. Dos $\binom{10}{5} = 252$ grupos que podem ser escolhidos, em quantos o estudante cuja altura é h_7, ocupará a posição central durante a demonstração?
a) 7
b) 10
c) 21
d) 45
e) 60

Solução: Do enunciado, temos: $\underbrace{\_,\_}_{C_2^6} h_7 \underbrace{\_,\_}_{C_2^3} \Rightarrow C_2^6 . C_2^3 = 45$, que indica o número de possibilidades.

60) (UF-AL) O número de anagramas da palavra MACEIÓ é:
a) 720
b) 360
c) 240
d) 120
e) 60

Solução: $P_6 = 6! = 720$

61) (Vunesp-SP) O setor de emergência de um hospital conta, para os plantões, com 3 pediatra, 4 clínicos gerais e 5 enfermeiros. As equipes de plantão deverão ser constituídas por 1 pediatra, um clínico geral e 2 enfermeiros. Determine:

a) quantos pares distintos de enfermeiros podem ser formados;
b) quantas equipes de plantão, distintas podem ser formadas.

Solução: vamos analisar cada um dos itens:

a) total de enfermeiros 5; escolha 2, logo temos $C^5_2 = 10$.
b) note que teremos um produto de combinações $C^3_1 \cdot C^4_1 \cdot C^5_2 = 120$.

62) (UF-AL) João e Maria fazem parte de um grupo de 15 pessoas, 5 das quais serão escolhidas para formar uma comissão. Do total de comissões que podem ser formadas, de quantas fazem parte João e Maria?

Solução: tomemos o seguinte raciocínio: $\overline{\overline{JM}}, \overline{\overline{\overline{C^{13}_3}}}$, pois como João e Maria devem estar sempre juntos, teremos apenas três pessoas para serem escolhidas entre treze. Então, fica $C^{13}_3 = 286$.

63) (AFC) Ana possui em seu closet 90 pares de sapatos, todos devidamente acondicionados em caixas numeradas de 1 a 90. Beatriz pede emprestado à Ana quatro pares de sapatos. Atendendo ao pedido da amiga, Ana retira do closet quatro caixas de sapatos. O número de retiradas possíveis que Ana pode realizar de modo que a terceira caixa retirada seja a de número 20 é igual a:
a) 681.384;
b) 382.426;
c) 43.262;
d) 74.88;
e) 2.120.

Solução: a possibilidade de retirada do número 20 é única, logo teremos: 89.88.87.1 = 681.384.

64) (Petrobrás) Em uma fábrica de bijuterias são produzidos colares enfeitados com cinco contas de mesmo tamanho dispostas lado a lado, como mostra a figura.

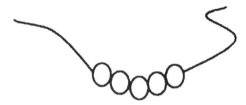

As contas estão disponíveis em 8 cores diferentes. De quantos modos distintos é possível escolher as cinco contas para compor um colar, se a primeira e a última contas devem ser da mesma cor, a segunda e a penúltima contas devem ser da mesma cor e duas contas consecutivas devem ser de cores diferentes?
a) 336.
b) 392.
c) 448.
d) 556.
e) 612.

Solução: este problema é bem interessante, pois possui cinco bolinhas para serem pintadas em condições idênticas, porém de formas distintas. Notemos que para que a primeira tenha uma cor diferente da segunda, teremos 7 cores combinando-se entre si para o preenchimento apenas de uma bolinha. E então, temos $C^7_1 = 7$. Depois temos a combinação das 8 cores tomadas 5 a 5, pois são 5 bolinhas no total. Logo $C^8_5 = 56$. O resultado que desejamos é $7.56 = 392$.

65) (CEF) Em uma urna há 5 bolas verdes, numeradas de 1 a 5, e 6 bolas brancas, numeradas de 1 a 6. Dessa urna retiram-se, sucessivamente e sem reposição, duas bolas. Quantas são as extrações nas quais a primeira bola sacada é verde e a segunda contém um número par?
a) 15.
b) 20.
c) 23.
d) 25.
e) 27.

Solução: note que haverá uma permutação entre as bolas em relação ao posicionamento, ou seja, 1ª ou 2ª bola, logo temos 2!. Como a primeira bola deve ser verde, temos C^5_2. Somando com combinação C^3_1, pois a segunda bola ser par, daí teremos finalmente $2!.C^5_2 + C^3_1 = 23$.

66) (CVM) Em uma academia de judô existem 12 faixas-pretas na categoria meio-médios, 9 na categoria meio-pesados e 6 na categoria pesados. O professor gostaria de inscrever a academia em um campeonato por equipes no qual cada equipe é formada por três lutadores de cada categoria. O número de equipes diferentes que pode ser formado é:
a) 648;
b) 1296;
c) 53.856;
d) 369.600;
e) 2.217.600.

Solução: fazendo a análise temos $\begin{cases} meio-médios \Rightarrow 12 \\ meio-pesados \Rightarrow 9 \\ pesados \Rightarrow 6 \end{cases}$

Então fica $C^{12}_3 . C^9_3 . C^6_3 = 369.600$.

67) (B.Brasil) Um grupo é formado por 7 mulheres, dentre as quais está Maria, e 5 homens, dentre os quais está João. Deseja-se escolher 5 pessoas desse grupo, sendo 3 mulheres e 2 homens. De quantas maneiras essa escolha pode ser feita de modo que Maria seja escolhida e João, não?
a) 60.
b) 90.
c) 126.
d) 150.
e) 210.

Solução: repare que se Maria deve sempre estar, então só teremos 6 mulheres para combinar, logo C^6_2; e dentre os homens, João não deve fazer parte das escolhas, então temos 4 para escolher dois, ou seja, C^4_2, daí ficamos com $C^6_2 . C^4_2 = 90$.

68) (Fafi-MG) Um indivíduo possui cinco DVDs dos Beatles, oito DVDs dos Rolling Stones e quatro dos Dire Straits. Ele foi convidado para ir a uma festa e, ao sair, levou dois DVDs dos Beatles, dois DVDs dos Rolling Stones e três DVDs do Dire Straits. O número de modos distintos de escolher os DVDs é:
a) 12;
b) 42;
c) 160;
d) 1120;
e) 1200.

Solução: é fácil ver que temos o produto $C^5_2 . C^8_2 . C^4_3 = 1120$.

69) (F.E Edson Queiroz-CE) Seja A o conjunto dos números naturais de 1 a 15. O número de possibilidades de escolher três elementos de A, de modo que a soma dos elementos seja ímpar, é:
a) 56;
b) 77;
c) 224;
d) 378;
e) 672.

Solução: para que se tenha soma ímpar, temos duas situações; $\begin{cases} ímpar + ímpar + ímpar \\ par + par + ímpar \end{cases}$.

Pares; 2, 4, 6, 8, 10, 12, 14. Ímpares; 1, 3, 5, 7, 9, 11, 13, 15. Então teremos $C^8_3 + C^8_1 \cdot C^7_2 = 224$.

70) (UC-MG) Em um grupo de 10 professores, três são professores de matemática. O número de comissões de seis professores, dos quais pelo menos um é professor de matemática, é:
a) 120;
b) 175;
c) 192;
d) 203;
e) 210.

Solução: O grupo tem 10 professores, sendo 7 professores que estarão combinando-se para o 1º lugar, logo C^7_1.

Com o fato de termos que pelo menos 1 professor de matemática faça parte da comissão, temos C^6_3, somado as possibilidades de que podemos ter todos, daí $3.C^7_5.C^7_1.C^6_3+3.C^7_5 = 203$.

71) (Auditor Fiscal da Receita Estadual-MG) Sete modelos, entre elas Ana, Beatriz, Carla e Denise, vão participar de um desfile de modas. A promotora do desfile determinou que as modelos não desfilarão sozinhas, mas sempre em filas formadas por exatamente quatro das modelos. Além disso, a última de cada fila só poderá ser Ana ou Beatriz, ou Carla ou Denise. Finalmente, Denise não poderá ser a primeira da fila. Assim, o número de diferentes filas que podem ser formadas é igual a:
a) 420;
b) 480;
c) 360;
d) 240;
e) 60.

Solução: tomemos o seguinte raciocínio: para escolhermos a primeira, temos C^7_3; depois, temos $3.(2!)^2$, porque serão 3 modelos ale da permutação das duas e as outras duas, logo teremos $3.C^7_3.(2!)^2 = 420$.

72) (TCE-PB) Sinésio pretendia ligar para um amigo, mas esqueceu os dois últimos dígitos do número do telefone desse amigo. Lembrava-se apenas dos números iniciais 5613-49??. Como ele sabia que não tinha algarismos repetidos, quantas possibilidades existem para o número de tal telefone?
a) 6
b) 9
c) 12
d) 14
e) 18

Solução: como os números não são repetidos temos 4.3 =12.

73) (Aneel) Dez amigos, entre eles Mário e José, devem formar uma fila para comprar as entradas para um jogo de futebol. O número de diferentes formas que esta fila de amigos pode ser formada, de modo que Mário e José fiquem sempre juntos, é igual a:
a) 2!.8!
b) 0!.8!
c) 2!.9!
d) 1!.9!
e) 1!.8!

Solução: devemos ter $\underbrace{M/J\text{---------}}_{2!.9!} \Rightarrow 2!.9!$.

74) (UNAMA-PA) Dispõe-se de oito tipos de frutas para fazer uma salada. Se cada salada é composta de cinco frutas diferentes, então o número de saladas diferentes que se pode preparar é:
a) 8;
b) 10;
c) 56;
d) 120;
e) 6720.

Solução: é fácil notar que temos $C^8_5 = 56$.

75) (UF-MG) Considere formados e dispostos em ordem crescente todos os números que se obtêm permutando os algarismos 1, 3, 5, 7, 9. O número 75391 ocupa, nessa disposição, o lugar:
a) 21º
b) 64º
c) 88º
d) 92º
e) 120º

Solução: este tipo de questão é muito comum nos concursos e sempre devemos proceder da forma:

$$\Rightarrow \begin{cases} começando \to por \Rightarrow 1 \to 4! \\ começando \to por \Rightarrow 3 \to 4! \\ começando \to por \Rightarrow 5 \to 4! \\ começando \to por \Rightarrow 71 \to 3! \\ começando \to por \Rightarrow 73 \to 3! \\ começando \to por \Rightarrow 751 \Rightarrow 2! \end{cases}$$

note que começando por 7531 há o número 75319, logo o número procurado está na posição $3.4! + 2.3! + 2! + 1 = x \quad x = 88º$.

76) (UnB/Cespe-TRT) Considere que em um escritório trabalham 11 pessoas: 3 possuem nível superior, 6 têm o nível médio e 2 são de nível fundamental. Será formada, com esses empregados, uma equipe de 4 elementos para realizar um trabalho de pesquisa. Se essa equipe for formada somente com pessoas de nível médio e fundamental, então ela poderá ser formada de mais de 60 maneiras distintas?

Solução: $\begin{cases} 1^a\ possib.(f,m,m,m) \to C_1^2 . C_3^6 = 40 \\ 2^a\ possib.(f,f,m,m) \to C_2^2 . C_2^6 = 15 \Rightarrow 40+15+15 = 70 \text{ possibilidades (CERTO)} \\ 3^a\ possib.(m,m,m,m) \to C_4^4 = 15 \end{cases}$

77) Em uma banca de jornal, há 4 exemplares iguais da revista Veja; 5 exemplares iguais da revista Isto É; e 6 exemplares iguais da revista Época. Determine quantas coleções não vazias é possível formar com estas revistas?

Solução: note que em cada um dos casos temos a ideia de formar ou não formar, logo teremos $7.6.5 = 210$, porém devemos retirar a hipótese de não formarmos nenhuma coleção, daí $210 - 1 = 209$, possibilidades ao todo.

78) Em uma urna, há 12 bolinhas numeradas de 1 a 12. Retiram-se, uma a uma, as doze bolas da urna. Em quantos casos as bolas 7 e 12 aparecem nas seis últimas sacadas?

Solução: como há seis números ímpares e seis números pares, temos: $6!.6! = 518.400$.

79) Em um plano, marca-se 6 pontos distintos, dos quais 3 estão em linha reta. Quantos triângulos podemos formar tendo três deles com vértice:

Solução: $C_3^6 = \dfrac{6!}{3!(6-3)!} = 20$ triângulos.

80) No jogo de truco, cada jogador recebe 3 cartas de um baralho de 40 cartas (excluídas as 8, 9, 10). De quantas maneiras distintas um jogador pode receber suas três cartas?

Solução: como temos 40 cartas no total e são três cartas a receber, temos: $C_3^{40} = 9880$ possibilidades

Capítulo 2
Probabilidade

Introdução

O universo de problemas que envolvem questões do tipo "Em uma urna estão 4 bolas azuis e 5 bolas brancas.

Se forem extraídas 2 bolas ao acaso, qual é a probabilidade de sair duas bolas brancas? Questões desse tipo estão muito presentes em nosso cotidiano, principalmente no dia a dia daqueles que se preparam para prestar algum tipo de concurso público. Se fôssemos resolver essa questão diríamos que as possibilidades de sair duas bolas brancas é aproximadamente de 55%, pois temos 5 bolas brancas num total de 9 bolas. Hoje a teoria das probabilidades tem uma importância muito grande e aplicações em estatística, economia, engenharia, física, química, teoria dos jogos estratégicos, sociologia, psicologia, biologia e vários campos do conhecimento.

Um pouco da história.

Muitos matemáticos estudaram as teorias das probabilidades, mas historicamente foi o matemático italiano "Gerolamo Cardano" (1501-1576) e "Galileu Galilei"(1564-1642) que começaram os primeiros estudos sobre chances e eram relacionados a jogos de dados.

Em 1654, quando Pascal dedicava-se a uma obra chamada "As cônicas", um amigo seu, jogador profissional, chamado "Chavalier de Méré", propôs questões do tipo: Em oito lances de um dado, um jogador deve tentar lançar o número 1, mas depois de três tentativas fracassadas, o jogo é interrompido por seu oponente. Como poderia ele ser indenizado?

Tendo resolvido as dificuldades de Méré, Pascal escreveu a seu amigo "Pierre de Fermat" Matemático francês (1601-1665), expondo-lhe vários problemas. A correspondência entre eles, na qual se encontram inúmeros problemas probabilísticos resolvidos, foi o verdadeiro ponto de partida para a moderna teoria das probabilidades. O primeiro livro publicado foi em 1657, pelo matemático holandês Christiaan Huygens (1629-1695) e tinha como título o nome "De ratiociniis in ludo aleae", que mencionava o raciocínio em jogos de dados. Outros matemáticos, como o francês "Pierre Simon de Laplace" (1749-1827), contribuíram para a evolução dessa teoria.

Espaço amostral e evento

Existem fenômenos, também chamados de experimentos que, mesmo repetidos várias vezes, não há como prevermos qual será o resultado. Esses fenômenos são chamados de aleatórios.

Por exemplo: no lançamento de uma moeda não temos como precisar qual será a face que estará para cima, ou seja, cara ou coroa.

O conjunto de todos os resultados possíveis de ocorrer um experimento é chamado de espaço amostral. Por exemplo: no lançamento de uma moeda temos {C,K}, ou seja, há dois resultados possíveis neste lançamento. Considere agora, um experimento aleatório, cujo espaço amostral seja ϕ. Podemos definir como evento a todo subconjunto de ϕ. De modo geral, indica-se qualquer evento por letras maiúsculas do nosso alfabeto A, B,... Y, Z.

Frequência Relativa

Num experimento aleatório, embora não saibamos qual o resultado, sabemos que alguns eventos ocorrem muitas vezes e outros quase nunca. Quando um evento se repete muitas vezes, nas mesmas condições chamamos de frequência relativa.

Definição: Considere um experimento aleatório definido no espaço amostral δ, finito, isto é, pertencente ao conjunto $\delta = \{a_1, a_2, ..., a_k\}$. Suponha agora que esses eventos sejam repetidos várias vezes, nas mesmas condições e seja n o número de vezes que ocorre esse evento. Esta é chamada de frequência relativa. Expressa-se por:

$$f_i = \frac{n_i}{N}.$$

Exemplo: Um dado é lançado 100 vezes e o número 2 aparece 18 vezes. Qual a frequência relativa desse evento.

Vamos observar os dados do problema: A quantidade de vezes em que o número 2 se repete é o n_i e o total de jogadas é o N. Daí temos:

$$f_i = \frac{18}{100} = 0,18.$$

Propriedades:

* $0 \le f_i \le 1 \Rightarrow \forall i, pois \Rightarrow 0 \le \dfrac{n_i}{N} \le 1$
* $f_1 + f_2 + ... + f_k = 1 \Leftrightarrow \dfrac{n_1}{N} + \dfrac{n_2}{N} + ... + \dfrac{n_k}{N} = \dfrac{n_1 + n_2 + ... + n_k}{N} = \dfrac{N}{N} = 1$
* Se A é um evento de $\delta (A \ne \varnothing)$, a frequência relativa do evento de A (f_A) é o número de vezes dividido por N, tal que : $f_A = \sum\limits_{a_i \in A} \dfrac{n_i}{N} = \sum\limits_{a_i \in A} f_i$.

Observação: Verifica-se que a frequência relativa tende a se estabilizar em torno de algum valor bem definido, quando N repetições do experimento é muito grande.

Definição de Probabilidade

Vamos considerar um experimento aleatório e B o seu espaço amostral finito e não vazio. Então $n(B)$ é o número de eventos de B. Agora, vamos considerar como A e $n(A)$ o número de elementos de A, sendo ($A \subset B$). Então podemos definir como probabilidade à razão entre $n(A)$ e $n(B)$, ou seja,

$$P(n) = \dfrac{n(A)}{n(B)},$$

onde $n(A)$ é o número de eventos favoráveis e $n(B)$ é o total de casos possíveis.

Exemplo: Se uma moeda for lançada três vezes sucessivamente, qual a probabilidade de ocorrerem duas caras e uma coroa?

Vamos chamar cara de (C) e coroa de (K). Agora, vamos expressar o espaço amostral. (C,C,C); (C,C,K); (C,K,C); (C,K,K); (K,C,C); (K,C,K); (K,K,C); (K,K,K), daí temos que o espaço amostral é 8, ou seja, $n(B) = 8$. Note que o evento desejado é de 3, logo $n(A) = 3$. Portanto a probabilidade é:

$$P(n) = \dfrac{3}{8} = 0,375 = 37,5\%.$$

Observação: Podemos usar a teoria de subconjuntos. O espaço amostral é obtido através da expressão 2^n, onde n é o número de lançamentos.

Exemplo: Em uma caixa estão bolinhas numeradas de 1 a 15. Qual a probabilidade de ser retirada uma bola e a mesma ter número primo?

Como na caixa tem 15 bolinhas, $n(B) = 15$. Agora, temos $n(A) = 5$, pois de 1 a 15 têm-se como números primos 2, 3, 5, 7, 11, 13. Logo,

$$P(n) = \frac{5}{15} = \frac{1}{3}.$$

Observação: Existem casos em que vamos precisar usar os recursos da análise combinatória para descobrirmos o espaço amostral e os números de eventos favoráveis.

Exemplo: Um baralho possui 52 cartas. Qual a probabilidade de se extrair simultaneamente duas cartas e as duas serem valetes?

Note que agora, temos um universo de 52 cartas para escolhermos 2. Logo, para sabermos o número de possibilidades de escolhermos duas cartas será

$$C_2^{52} \frac{52!}{2!.50!} = 1326$$

possibilidades de escolhermos duas cartas. Agora temos que analisar as possibilidades do evento favorável: como são 4 valetes e devemos ter 2, então as possibilidades serão

$$C_2^4 = \frac{4!}{2!.2!} = 6 \text{ possibilidades.}$$

A probabilidade é

$$P(n) = \frac{6}{1326} = \frac{1}{221}.$$

Exemplo: Lançando-se um dado honesto, qual a probabilidade de termos um número maior que 4.

O número de eventos de um dado é 1, 2, 3, 4, 5 e 6, logo temos $n(B) = 6$ e de que o número seja maior do que 4 é 5 e 6, então $n(A) = 2$. Portanto

$$P(n) = \frac{2}{6} = \frac{1}{3}.$$

Exemplo: Lançando-se sucessivamente dois dados honestos, qual a probabilidade de termos soma igual a 5?

Como os dados são lançados de uma vez, temos pelo princípio multiplicativo $n(B) = 36$. Agora, vamos analisar os casos favoráveis: (1,4); (4,1); (2,3); (3,2). Então temos que as possibilidades favoráveis são $n(A) = 4$, portanto temos que

$$P(n) = \frac{4}{36} = \frac{1}{9}.$$

IMPORTANTE: Da definição, temos : $0 \leq P(A) \leq 1$, ou seja:

* Quando o evento for chamado de certo, temos:

$$P(A) = \frac{N(B)}{N(B)} = 1;$$

* Quando o evento for chamado de impossível teremos

$$P(A) = \frac{n(\emptyset)}{n(B)} = 0.$$

No estudo de probabilidades, são muito comuns problemas em que seja pedido um tipo de evento que não ocorra ou que tenhamos que pensar a partir da ideia de que esse evento não aconteça. A esses eventos ou a esses acontecimentos chamamos de eventos complementares. Podemos expressar da seguinte forma:

$$P(\overline{A}) = 1 - P(A) \text{ ou } P(\overline{A}) + P(A) = 1$$

Exemplo: Determine a probabilidade de que no lançamento simultâneo de dois dados honestos a soma seja diferente de 5?

Essa ideia já foi dada em exemplos anteriores, porém devemos proceder da seguinte forma: como são dois dados lançados ao mesmo tempo, temos $n(B) = 36$. Só que, agora, como vamos pensar na soma ser 5, então teremos $n(A) = 4$, logo

$$P(A) = \frac{1}{9}.$$

Entretanto, o evento que queremos é de que a soma seja diferente de 5, então temos

$$P(\overline{A}) = 1 - \frac{1}{9} \Rightarrow P(\overline{A}) = \frac{8}{9},$$

que é a probabilidade procurada.

Adição de probabilidades

Seja E um espaço amostral finito e não vazio, A e B dois eventos de E. Da teoria dos conjuntos, temos que:

$n(A \cup B) = n(A) + n(B) - n(A \cap B)$

como A e B são dois eventos de E temos:

$$\frac{n(A \cup B)}{n(E)} = \frac{n(A)}{n(E)} + \frac{n(B)}{n(E)} - \frac{n(A \cap B)}{n(E)} \therefore P(A \cup B) = P(A) + P(B) - P(A \cap B)$$

Observação: Sendo $P(A \cup B)$ a probabilidade de ocorrer o evento A ou B. Caso $(A \cup B) = \emptyset$, diz-se que os eventos são mutuamente exclusivos. Daí temos

$P(A \cup B) = P(A) + P(B)$.

Probabilidade condicional e multiplicação de probabilidades

Seja E um espaço amostral finito e não vazio e seja A um evento também não vazio de E. Vamos supor que o evento A tenha ocorrido e que nós desejássemos saber a probabilidade de ocorrer outro evento B também não vazio de E. Tem-se que essa nova probabilidade é indicada por $P(B/A)$ e dizemos que é a probabilidade de B condicionada, sendo que A já ocorreu, ou podemos dizer que B é a probabilidade condicional em relação a A.

Temos então que, neste caso, há uma mudança de espaço amostral. A probabilidade de B será em relação ao espaço amostral A e o elemento procurado de B deve ser $B \cap A$. Logo temos que a nova probabilidade será:

$$P(B/A) = \frac{n(B \cap A)}{n(E)} \Rightarrow P(B/A) = \frac{\frac{n(B \cap A)}{n(E)}}{\frac{n(A)}{n(E)}} = P(B/A) = \frac{P(B \cap A)}{P(A)}.$$

Por outro lado, podemos ter

$P(A \cap B) = P(A).P(A/B)$

ou

$P(B \cap A) = P(B).P(B/A)$.

Observação: A probabilidade da interseção de dois eventos será igual ao produto das probabilidades, ou seja,

$P(A \cap B) = P(A).P(B)$.

Exemplo:

Numa pesquisa feita com 600 pessoas de uma comunidade, verificou-se que 200 leem o jornal A, 300 leem o jornal B e 150 leem os jornais A e B. Qual a probabilidade de se sortear uma pessoa ao acaso e ela ser leitora do jornal B?

Solução: vamos expressar cada conjunto.

$$\begin{cases} n(E) = 600 \\ n(A) = 200 \\ n(B) = 300 \\ n(A \cap B) = 150 \end{cases}$$

Os leitores que leem somente o jornal A são 50, leem somente o jornal B são 150 e leem os dois são 150. Como temos uma intersecção ficamos da seguinte forma:

$$P(A \cup B) = \frac{1}{3} + \frac{1}{2} - \frac{1}{4} \Rightarrow P(A \cup B) = \frac{7}{12}.$$

Ainda temos 250 leitores que não leem nenhum dois jornais, ou seja, nem A, nem B.

Exemplo:

Rogério extrai aleatoriamente uma carta de um baralho que contém 52 cartas. Qual a probabilidade de que essa carta seja um valete ou uma carta de paus?

Solução: devemos saber que para cada naipe temos 13 cartas e que, dentre as cartas, são 4 valetes, sendo que de 13 dessas cartas uma é valete de paus. Daí teremos

$$P(A \cup B) = \frac{4}{52} + \frac{13}{52} - \frac{1}{52},$$

logo a probabilidade procurada será

$$P(A \cup B) = \frac{4}{13}.$$

Não podemos deixar de perceber que a interseção era igual a 1, pois tínhamos um valete de paus

Exemplo:

Se Rogério extrai uma carta ao acaso de um baralho com 52 cartas, qual a probabilidade de que essa carta seja uma dama ou um rei?

Solução: dentre um baralho existem 4 damas e 4 reis e não há interseção entre os eventos. Logo teremos

$$P(A \cup B) = \frac{1}{13} + \frac{1}{13} \Rightarrow P(A \cup B) = \frac{2}{13}.$$

Exemplo:

Num lançamento simultâneo de dois dados, qual é a probabilidade de termos números paras nas duas faces, sabendo que a soma deve ser igual a 6?

Solução: note que o evento A é o evento de ocorrer números pares nas duas faces; $A=\{(2,2),(2,4);(2,6);(4,2);(4,4);(4,6);(6,2);(6,4);(6,6)\} \Rightarrow n(A) = 9$; o evento B é o evento de ocorrer soma igual a 6, ou seja, $B=\{(1,5),(5,1);(2,4);(4,2);(3,3)\} \Rightarrow n(b) = 5$; notemos que há uma interseção que é $A \cap B = \{(2,4);(4,2)\} \Rightarrow n(A \cap B) = 2$. A probabilidade procurada é condicional de A em relação a B, daí

$$P(A/B) = \frac{n(A \cap B)}{n(B)} = \frac{2}{5}.$$

Exemplo:

Uma urna contém 8 bolas amarelas e 6 bolas verdes. Qual a probabilidade de retirarmos 2 bolas sucessivamente, sem reposição, sendo a primeira verde e a segunda amarela?

Solução: vamos chamar de V o evento de retirada de uma bola verde e de A a retirada de uma bola amarela. Notemos que o evento A é dependente de V, pois não há reposição após a retirada. Então temos

$$P(V) = \frac{6}{14} \therefore P(V) = \frac{3}{7} \text{ e } P(A/V) = \frac{8}{13}.$$

Como a probabilidade procurada é a da interseção temos:

$$P(V \cap A) = P(V).P(A) \Rightarrow P(V \cap A) = \frac{3}{7}.\frac{8}{13} \Rightarrow P(V \cap A) = \frac{24}{91}.$$

Exemplo:

Rogério retira, ao acaso, um valete de um baralho com 52 cartas, sem reposição. Qual a probabilidade de que na segunda retirada ele retire outro valete?

Solução: chamando de A o evento de ocorrer valete na primeira retirada e B de ocorrer valete na segunda retirada, logo temos que B é condicional em relação ao evento A. probabilidade procurada é $P(A \cap B)$, ou seja,

$$\underbrace{P(A \cap B)}_{valete(1^a\ e\ 2^a\ retirada)} \ ; \ \underbrace{P(A)}_{valete(1^a\ retirada)} \ e \ \underbrace{P(B)}_{valete(2^a\ )retirada} \Rightarrow$$

já tirado o primeiro valete. Precisamos calcular $P(A)$ e $P(B/A)$;

$$\begin{cases} P(A) = \frac{4}{52} \Rightarrow \frac{1}{13} \\ P(B/A) = \frac{3}{51} \Rightarrow \frac{1}{17} \end{cases} \Rightarrow P(A \cap B) = P(A).P(B/A) \therefore P(A \cap B) = \frac{1}{13}.\frac{1}{17} = \frac{1}{221}.$$

Exercícios Comentados

1) Considere o experimento aleatório três lançamentos sucessivos de uma moeda. A partir daí, determine:

a) O evento de se obter duas caras e uma coroa;
b) O evento de se obter três vezes a mesma face;
c) O evento de se obter pelo menos uma coroa;
d) O evento de se obter pelo menos uma cara ou uma coroa.

Solução: o exercício proposto pede apenas para descrevermos os eventos; fazendo (C) cara e (K) coroa teremos:

a) (C,C,K); (C,K,C); (K,C,C)
b) (K,K,K); (C,C,C);
c) (C,C,K); (C,K,C); (C,K,K); (K,C,C); (K,C,K); (K,K,K); (K,K,C)
d) é o próprio espaço amostral.

2) Rogério sabe que ocorre um número ímpar e um número par no lançamento simultâneo de dois dados.

Determine:
a) A probabilidade de que haja soma ser 7;
b) A probabilidade de que a diferença entre eles seja 3.

Solução: vamos calcular o espaço amostral. Como são lançados de forma simultânea, temos: $n(B) = 36$.

Porém, não sabemos sua ordem, daí temos $\dfrac{n(B)}{2!} = n(B) = 18$; e $n(A) = 6$.

Então teremos:

a) $P(n) = \dfrac{1}{3}$;

b) $P(n) = \dfrac{1}{3}$.

3) (Fuvest-SP) Um dado é jogado três vezes, uma após a outra. Pergunta-se:

a) Quantos são os resultados possíveis em que os três números obtidos são diferentes?
b) Qual a probabilidade de a soma dos resultados ser maior ou igual a 16?

Solução: vamos analisar a primeira letra. Como os resultados devem ser diferentes, podemos usar o P.F.C, daí temos 6.5.4 =120. Agora, podemos usar um princípio de potenciação para sabermos o espaço amostral. Como o mesmo dado é lançado três vezes, temos $n(B) = 6^3 \therefore n(B) = 216$; montando os ternos cuja soma seja 16, temos 10 possibilidades, ou seja, $n(A) = 10$. Logo a probabilidade procurada será

$$P(n) = \dfrac{10}{216} \therefore P(n) = \dfrac{5}{108}.$$

4) (PUC-PR) Um hospital dispõe de 10 enfermeiras (Vera é uma delas) e 6 médicos (Augusto é um deles).

Deve permanecer de plantão, diariamente, uma equipe de 4 enfermeiras e 2 médicos. Considerando-se o número máximo de equipes diferentes que se podem formar com aqueles médicos e enfermeiras, qual a probabilidade de caírem juntos no mesmo plantão Vera e Augusto?

a) $\dfrac{1}{3}$

b) $\dfrac{3}{14}$

c) $\dfrac{2}{5}$

d) $\dfrac{1}{5}$

e) $\dfrac{2}{15}$

Solução: a probabilidade procurada será $P(n) = \dfrac{C_3^9 \cdot C_1^5}{C_4^{10} \cdot C_2^6} \therefore P(n) = \dfrac{2}{5}$.

5) (UF-SC) Em uma caixa há 28 bombons, todos com forma, massa e aspecto exterior exatamente igual.

Desses bombons, 7 têm recheio de coco, 4 de nozes e 17 são recheados com amêndoas. Se retirarmos da caixa 3 bombons simultaneamente, a probabilidade se retirar um bombom de cada sabor é, aproximadamente:
a) 7,5%
b) 11%
c) 12,5%
d) 13%
e) 14,5%

Solução: vamos explorar o enunciado: $\begin{cases} coco \to 7 \\ nozes \to 4 \\ amêndoas \to 17 \end{cases} \Rightarrow$

total de 28, como serão escolhidos 3 bombons temos $P(B) = C_3^{28} \therefore P(n) = 3276$ possibilidades de escolhas. Agora, devemos pensar nos casos favoráveis, ou seja, $P(A) = C_1^7 \cdot C_1^4 \cdot C_1^{17} \therefore P(A) = 476$.

Logo a probabilidade procurada será $P(n) = \dfrac{476}{3276} \therefore P(n) \cong 14,5\%$.

6) (Técnico-MPU/ESAF) André está realizando um teste de múltipla escolha, em que cada questão apresenta 5 alternativas, sendo uma e apenas uma correta. Se ele não sabe, ele marca aleatoriamente uma das alternativas. André sabe 60% das questões do teste. Então, a probabilidade dele acertar uma questão qualquer do teste (isto é, de uma questão escolhida ao acaso) é igual a:
a) 0,62
b) 0,60
c) 0,68
d) 0,80
e) 0,56

Solução: vamos imaginar uma prova com 10 questões $\begin{cases} 6 \equiv 60\% \to sabe \\ 4 \equiv 40\% \to ñ.sabe \end{cases}$

A probabilidade procurada é:

$$P(n) = \frac{1}{5} \cdot \frac{2}{5} + \frac{6}{10} \therefore P(n) = \frac{8}{100} + \frac{6}{10} \therefore P(n) = \frac{68}{100} \Rightarrow P(n) = 0,68.$$

7) (Técnico-MPU/ESAF) Quando Lígia para em um posto de gasolina, a probabilidade dela pedir para verificar o nível do óleo é de 0,28; a probabilidade dela verificar a pressão dos pneus é de 0,11 e a probabilidade dela verificar ambos, óleo e pneus, é de 0,04. Portanto, a probabilidade de que Lígia pare num posto de gasolina e não peça para verificar nem óleo e nem a pressão dos pneus é igual a:
a) 0,25
b) 0,35
c) 0,45
d) 0,15
e) 0,65

Solução: note que as possibilidades foram dadas na própria questão, ou seja:

$\begin{cases} verificar(óleo) \to 0,28 \\ ñ.verificar(óleo) \to 0,72 \\ verificar(p.pneus) \to 0,11 \\ ñ.verificar(p.pneus) \to 0,89 \\ verificar(ambos) \to 0,04 \\ ñ.verificar(ambos) \to 0,96 \end{cases}$

A probabilidade será $P(n) = 0,72 + 0,89 - 0,96 \therefore P(n) = 0,65$

8) (UFRJ) Para testar a eficácia de uma campanha de anúncio do lançamento de um novo sabão S, uma agência de propaganda realizou uma pesquisa com 2000 pessoas. Por uma falha de equipe, a agência omitiu os dados dos campos x, y, z e w no relatório sobre a pesquisa, conforme mostra a tabela a seguir.

N^0 de pessoas que:	Adquiriram S	Não adquiriram S	Total
viram o anúncio	x	y	1500
não viram o anúncio	200	z	500
total	600	w	2000

a) Indique os valores dos campos x, y, z, w.
b) Suponha que uma dessas 2000 pessoas entrevistadas seja escolhida ao acaso e que todas as pessoas tenham a mesma probabilidade de serem escolhidas. Determine a probabilidade de que essa pessoa tenha visto o anúncio da campanha e adquirido o sabão S.

Solução: da tabela acima, temos: $\begin{cases} z+200=500 \\ w+600=2000 \\ y+z=w \\ x+200=600 \end{cases} \Rightarrow$

resolvendo o sistema temos: $x = 400$; $y = 1100$; $z = 300$; $w = 1400$; agora vamos achar a probabilidade procurada, que será: $P(n) = \dfrac{40}{2000} \therefore P(n) = \dfrac{1}{5}$.

9) (UFPR) Uma urna contém 500 bolas, cada uma delas identificada por um número. Para essa identificação foram utilizados todos os números da progressão aritmética (1, 2, 3,..., 999). Retirando-se aleatoriamente da urna uma única bola, calcule a probabilidades, em porcentagem, de que o número dessa bola tenha o algarismo das unidades igual a 3.

Solução: tendo 1 algarismo que terminam em 3, 1 possibilidade; tendo 2 algarismos que terminam em 3, 9 possibilidades; tendo 3 algarismos que terminam em 3: 90 possibilidades. Daí temos: $90 + 9 + 1 = 100$. Note que esse valor é $n(A)$ e $n(B) = 500$. Logo temos $P(n) = \dfrac{100}{500} \therefore P(n) = \dfrac{1}{5}$, logo, 20%.

9) (IME-RJ) Três dados iguais, honestos e com seis faces numeradas de um a seis são lançados simultaneamente. Determine a probabilidade de que soma dos resultados de dois quaisquer deles ser igual ao resultado do terceiro dado.

Solução: os resultados possíveis são:
$$\begin{cases} (2,2,4);(1,1,2) \\ (2,3,5);(2,4,6) \\ (3,3,6);(1,2,3) \\ (1,3,4);(1,4,5) \\ (1,5,6) \end{cases}$$ logo, 9 possibilidades;

Note que qualquer permutação dos resultados entra no cálculo. Nos casos em que há dois números repetidos, existem 3 permutações e com 3 números diferentes há 3!. Portanto temos que $n(A) = 9.(6.3!)$. O mais difícil nesta questão é o fato de que o total de casos possíveis é $n(B)$, logo temos que $n(B) = 6^3$.

Daí temos $P(n) = \dfrac{9.(6.3!)}{6.6.6} = \dfrac{5}{24}$.

10) Um dado é viciado, de modo que a probabilidade de observarmos um número na face de cima é proporcional a esse número. Determine a probabilidade de:

a) ocorrer um número par;
b) ocorrer um número maior ou igual a 5.

Solução: O espaço amostral é $B = \{1, 2, 3, 4, 5, 6\}$ os números são proporcionais,

$\begin{cases} p_2 = 2p_1 \\ p_3 = 3p_1 \\ p_4 = 4p_1 \\ p_5 = 5p_1 \\ p_6 = 6p_1 \end{cases}$ $p_1 + p_2 + p_3 + p_4 + p_5 + p_6 = 1 \therefore p_1 + 2p_1 + 3p_1 + 4p_1 + 5p_1 + 6p_1 = 1 \therefore p = \dfrac{1}{21}$.

Agora vamos resolver as opções propostas;

a) casos favoráveis: $A = \{2, 4, 6\}$ $P(n) = p_2 + p_4 + p_6 \therefore P(n) = 2.\dfrac{1}{21} + 4.\dfrac{1}{21} + 6.\dfrac{1}{21} \therefore P(n) = \dfrac{4}{7}$.

b) $P(n) = p_5 + p_6 \Rightarrow P(n) = \dfrac{5}{21} + \dfrac{6}{21} \therefore P(n) = \dfrac{1}{21}$.

11) Um dado é viciado de modo que a probabilidade de observarmos qualquer número par é a mesma, e a de observarmos qualquer número ímpar também é mesma. Porém um número par tem três vezes mais possibilidades de sair do que um número ímpar. Lançando-se esse dado, qual a probabilidade de:

a) ocorrer um número primo?
b) ocorrer um número menor ou igual a 3?

Solução: $B = \{1, 2, 3, 4, 5, 6\} \Rightarrow p(2) = p(4) = p(6) = p_1 \Leftrightarrow p(1) = p(3) = p(5) = p_2$; Como $p(1) + p(2) + \ldots + p(6) = 1$ e $p_1 = 3p_2$, temos: $3p_1 + 3p_2 = 1 \therefore p_2 = \dfrac{1}{12}$ daí $p_1 = \dfrac{3}{12} \therefore p_1 = \dfrac{1}{4}$.

a) $P(A) = p(2) + p(4) + p(6) \therefore P(A) = \dfrac{5}{12}$

b) $P(A) = p(1) + p(2) + p(3) \therefore P(A) = \dfrac{5}{12}$

12) Um indivíduo retrógrado guarda seu dinheiro em um açucareiro. Este contém 2 notas de R$ 50,00, 4 notas de R$ 10,00, 5 notas de R$ 5,00, 8 notas de R$ 1,00 e 3 notas de R$ 0,50. Se forem retiradas do açucareiro duas notas simultaneamente, ao acaso, qual a probabilidade de ambas as notas sejam de R$ 5,00?

Solução: retirada corresponde $n(B) = C_2^{22}$; $n(A) = C_2^5$, a probabilidade é $P(n) = \dfrac{C_2^5}{C_2^{22}} \therefore P(n) = \dfrac{10}{231}$.

13) (Vunesp-SP) Para uma partida de futebol, a probabilidade do jogador R não ser escalado é 0,2 e a probabilidade do jogador S ser escalado é 0,7. Sabendo que a escalação de um deles é independente da escalação do outro, a probabilidade de que os dois sejam escalados é:
a) 0,06
b) 0,14
c) 0,24
d) 0,56
e) 0,72

Solução: vamos analisar o que foi dito no enunciado.

Jogador R: $\begin{cases} não.ser.escalado \to 0,2 \\ ser.escalado \to 0,8 \end{cases}$ Jogador S: $\begin{cases} não.ser.escalado \to 0,3 \\ ser.escalado \to 0,7 \end{cases}$

Logo temos que $P(n) = 0,7 \cdot 0,8 \Rightarrow P(n) = 0,56$.

14) (UF-AL) Em um grupo, sendo 3 rapazes e 5 moças, considere o experimento E sortear 4 pessoas do grupo. Analise as afirmações seguintes, atribuindo V para verdadeiras e F para as falsas.

a) O espaço amostral de E é constituído de 80 resultados possíveis.

b) "Um rapaz e três moças" é um evento com 30 possibilidades possíveis.

c) O complementar do evento "pelo menos uma moça" é o evento "no máximo uma moça".

d) A probabilidade de serem sorteados dois rapazes e duas moças é igual a $\frac{3}{7}$.

e) A probabilidade de todos os sorteados serem do sexo feminino é igual a $\frac{1}{16}$.

Solução: vamos fazer a análise das opções;

a) $P(B) = C_4^8 \Rightarrow P(B) = \frac{8!}{4!.4!} \therefore P(B) = 70$ (F)

b) $C_1^3 . C_3^5 = 30$ (V)

c) (F)

d) $P(N) = \frac{10.3}{70} \therefore P(n) = \frac{3}{7}$ (V)

e) $P(A) = C_4^5 = 5 \therefore P(n) = \frac{5}{70} \therefore P(n) = \frac{1}{14}$ (F)

15) Em uma sala existem 5 crianças: uma brasileira, uma italiana, uma japonesa, uma inglesa e uma francesa. Em uma urna existem 5 bandeiras correspondentes aos países de origem dessas crianças: Brasil, Itália, Japão, Inglaterra e França. Uma criança e uma bandeira são selecionadas ao acaso, respectivamente, da sala e da urna. Determine a probabilidade da criança sorteada não receber a sua bandeira.

Solução: tomemos por raciocínio o par (x, y), sendo: $\begin{cases} x \to nacionalidade(criança) \\ y \to bandeira \end{cases}$.

$n(B) = 5.5 \therefore n(B) = 25$ e $n(A) = 5$, pois temos 5 bandeiras. Logo $P(n) = \frac{5}{25} \therefore P(n) = \frac{1}{5}$, que é a probabilidade das crianças receberem as suas bandeiras. Porém, a probabilidade procurada será: $P(\bar{n}) = 1 - \frac{1}{5} \Rightarrow P(\bar{n}) = \frac{4}{5}$.

16) Em um grupo de n pessoas, qual a probabilidade de que pelo menos duas pessoas façam aniversário no mesmo dia? (não sendo ano bissexto).

Solução: este tipo de questão é muito frequente em provas. Vamos admitir sendo $x \to$ pelo menos duas entre as n pessoas que fazem aniversário no mesmo dia e fazendo como $y \to$ todas as n pessoas que fazem aniversário em dias diferentes.

Se considerarmos que cada dia de aniversário como de 1 a 365 (inclusive), então o espaço amostral será composto de todas as n-uplas (ordenadas), então podemos concluir que $n(B) = 365^n$.

Não podemos deixar de notar que y consiste em todas as n-uplas que contém elementos diferentes, onde cada elemento vai de 1 a 365; como a ordem é importante temos: $A_n^{365} = 365.364.....(365 - n + 1)$, pois que escreve de $x \to y$, $escreve \Rightarrow y - x + 1$. Logo a probabilidade procurada será: $P(n) = \dfrac{365.364....(365-n+1)}{365^n}$.

(UnB-DF) O texto se refere à questão 17. (adaptado)

Um levantamento estatístico efetuado em uma vídeolocadora permitiu estabelecer a seguinte distribuição dos filmes alugados, disponíveis apenas em VHS e DVD:

* 60% dos filmes produzidos nos Estados Unidos da América (EUA), sendo que $\dfrac{1}{4}$ desses filmes está em formato de DVD;

* 25% são filmes nacionais, sendo que $\dfrac{1}{5}$ desses está em formato DVD;

* os demais são filmes de origem europeia, sendo $\dfrac{2}{3}$ deles estão em formato VHS.

17) Caso escolha um filme ao acaso entre os mencionados no texto:

1) a probabilidade de esse filme ser um DVD de origem europeia será igual 0,1.
2) a probabilidade de esse filme não ser originário dos EUA será igual a 0,6.
3) a probabilidade de esse filme ter sido produzido nos EUA ou estar em formato VHS será igual a 0,75.
4) se esse filme for de origem europeia, a probabilidade de esse estar em formato DVD será inferior a 0,3.

Solução: vamos montar um quadro para ajudar considerando como 100 filmes;

DVD	5	15	5
VHS	20	45	10

1) $P(n) = \dfrac{5}{100} \Rightarrow P(n) = 0,05 \therefore (F)$

2) $P(n) = \dfrac{40}{100} \Rightarrow P(n) = 0,4 \therefore (F)$

3) $P(n) = \dfrac{60+20+10}{100} \Rightarrow P(n) = 0,9 \therefore (F)$

4) $P(n) = \dfrac{5}{15} \Rightarrow P(n) = 0,333... \therefore (F)$

18) (UFRJ) Um saco de veludo azul contém 13 bolinhas amarelas, numeradas de 1 a 13; 17 bolinhas de cor-de-rosa, numeradas de 1 a 17; e 19 bolinhas roxas, numeradas de 1 a 19. Uma pessoa de olhos vendados retirará do saco três bolinhas de uma só vez. Sabendo que todas as bolinhas têm a mesma chance de serem retiradas, qual a probabilidade de que as três bolinhas retiradas sejam de cores diferentes e tenham números iguais?

Solução: se levarmos em conta que existem 13 possibilidades de termos bolas de cores diferentes e números iguais, ou seja:

$\begin{cases} amarela \to 13.bolinhas \\ rosa \to 13.bolinhas \\ roxa \to 13.bolinhas \end{cases} \therefore P(n) = \dfrac{13}{C_3^{49}} \Rightarrow P(n) = \dfrac{13}{18424}.$

19) (UnB-DF) Uma criança entra em um elevador de um edifício no andar térreo. Os botões do painel do elevador estão dispostos como ilustrado na figura abaixo, em que os números menores que zero representam os três subsolos do edifício. A criança aperta um botão ao acaso, mas, por ser ainda muito pequena, a probabilidade de ela apertar qualquer botão correspondente a um dos números do conjunto {-3, -2, -1, 0, 1, 2} é o triplo da probabilidade de ela apertar qualquer botão correspondente a um dos números do conjunto {3, 4, 5, 6, 7, 8}, a qual, por sua vez, é o dobro da probabilidade de ela apertar qualquer botão correspondente a um número do conjunto {9, 10, 11, 12}.

Nessas condições, julgue os itens que se seguem.

1) A probabilidade de a criança apertar um dos botões correspondentes a um dos números do conjunto {-1, -2, -3} é igual a $\frac{1}{3}$.

2) A probabilidade de ela apertar o botão correspondente ao número 5 ou botão correspondente ao número 2 é igual a $\frac{1}{6}$.

3) A probabilidade de ela apertar o botão correspondente ao número 0 é menor que $\frac{1}{10}$.

12	11
10	9
8	7
6	5
4	3
2	1
0	-1
-2	-3

Solução: seja p a probabilidade de a criança apertar um dos botões 9, 10, 11 ou 12. A soma de todas as possibilidades será igual a 1, logo temos $52p = 1 \therefore p = \frac{1}{52}$; $2p = \frac{1}{26}$; $6p = \frac{3}{26}$.

1) a probabilidade de apertar um dos números -1, -2 ou -3 será
$P(n) = 3 \cdot \left(\frac{3}{26}\right) \Rightarrow P(n) = \frac{9}{26} \rightarrow (F)$.

2) a probabilidade de apertar um dos botões 5 ou 2 é igual a:
$P(n) = \frac{1}{26} + \frac{3}{26} = \frac{4}{26} \therefore P(n) = \frac{2}{13} \rightarrow (F)$

3) a probabilidade de apertar o botão 0 será
$P(n) = \frac{3}{26} \Rightarrow P(n) \cong 0,12 \therefore P(n) > 0,1 \rightarrow (F)$.

20) (E.Naval) Lançam-se simultaneamente cinco dados honestos. Qual a probabilidade de serem obtidos nesta jogada, uma trinca e um par (isto é, um resultado do tipo AAABB), com A ≠ B?

a) $\dfrac{5}{1296}$

b) $\dfrac{5}{3888}$

c) $\dfrac{25}{648}$

d) $\dfrac{125}{324}$

e) $\dfrac{125}{648}$

Solução: sendo seis faces, temos $n(B) = 6^5$ e $n(A) = C_1^6 \cdot C_3^5 \cdot C_1^5 \therefore P(n) = \dfrac{25}{648}$.

21) Numa fábrica, a máquina X produz 35% do total da produção; a máquina Y, 40%; e a máquina Z, o restante dos 25%. Da produção de X, 2% apresentam defeito; da produção de Y, 1,5% apresenta defeito; e da produção de Z, 0,8% apresenta defeito. Num dia em que a produção foi de 2000 peças, uma delas foi retirada ao acaso e verificou-se que era defeituosa. A probabilidade de que essa peça tenha sido produzida na máquina X é igual a:

a) $\dfrac{3}{15}$

b) $\dfrac{7}{15}$

c) $\dfrac{2}{15}$

d) $\dfrac{4}{5}$

e) n.d.a

Solução: do enunciado temos $\begin{cases} máquina \to X \Rightarrow 35\% \to 700 \to 2\% \to 14 \\ máquina \to Y \Rightarrow 40\% \to 800 \to 1,5\% \to 12 \\ máquina \to Z \Rightarrow 25\% \to 500 \to 0,8\% \to 4 \end{cases}$

Logo, a probabilidade procurada será $P(n) = \dfrac{14}{30} \therefore P(n) = \dfrac{7}{15}$.

22) considere duas urnas, onde temos 4 bolinhas pretas e 6 bolinhas azuis na primeira e 8 bolinhas pretas e 2 bolinhas azuis na segunda. Escolhendo ao acaso uma urna e, em seguida. retirando dela uma bola, qual a probabilidade de que a bola escolhida seja preta?

Solução: como são duas urnas, temos $\frac{1}{2}$ possibilidades para cada urna;

$* \; \frac{1}{2}(urna.1) \begin{cases} preta \to 4 \Rightarrow \frac{4}{10} \Rightarrow \frac{1}{2} \cdot \frac{4}{10} = \frac{1}{5} \\ azul \to 6 \Rightarrow \frac{6}{10} \Rightarrow \frac{1}{2} \cdot \frac{6}{10} = \frac{3}{10} \end{cases}$

$* \; \frac{1}{2}(urna.2) \begin{cases} preta \to 8 \Rightarrow \frac{8}{10} \to \frac{1}{2} \cdot \frac{8}{10} = \frac{2}{5} \\ azul \to 2 \Rightarrow \frac{2}{10} \to \frac{1}{2} \cdot \frac{2}{10} = \frac{1}{10} \end{cases}$

A probabilidade procurada é $P(n) = \frac{1}{5} + \frac{2}{5} \Rightarrow P(n) = \frac{3}{5}$.

23) Considere dois atiradores A e B, em que a probabilidade do atirador A atingir o alvo é de $\frac{1}{3}$ e a probabilidade do atirador B atingir o alvo é de $\frac{1}{2}$. Qual a probabilidade de que o alvo seja atingido se os dois atiradores atiram no alvo?

Solução: note que $A \cap B = \frac{1}{3} \cdot \frac{1}{2} = \frac{1}{6}$, logo temos: $P(A \cup B) = \frac{1}{3} + \frac{1}{2} - \frac{1}{6} \Rightarrow P(A \cup B) = \frac{2}{3}$.

24) Num certo país, 8% das declarações de imposto de renda são suspeitas e submetidas à análise detalhada.

Entre estas, verificou-se que 15% são fraudulentas; e, entre as não suspeitas, 2% são fraudulentas.

a) Se uma declaração é separada ao acaso, qual a probabilidade de ela ser suspeita e fraudulenta?
b) Se uma declaração é fraudulenta, qual a probabilidade de ela ter sido suspeita?

Solução: do total temos $15\%.de.8\% + 2\%.de.92\% = 1,2\% + 1,84\% = 3,04\%$ total de declarações.

a) $P(n) = 15\%.de.8\% = \dfrac{15}{100} \cdot \dfrac{8}{100} = \dfrac{3}{250}$.

b) $P(n) = \dfrac{1,2}{3,04} \Rightarrow P(n) = \dfrac{15}{38}$.

26) (ITA-SP) Considere uma população de igual número de homens e mulheres, em que sejam daltônicos 5% dos homens e 0,25% das mulheres. Qual a probabilidade de seja mulher uma pessoa daltônica selecionada ao acaso nessa população?

Solução: como as probabilidades são iguais temos $\begin{cases} H.dalt\hat{o}nico \to 50.5\% = 2,5\% \\ M.dalt\hat{o}nica \to 50.0,25\% = 0,125\% \end{cases}$

Portanto a probabilidade será $P(n) = \dfrac{0,125}{2,5\% + 0,125\%} \therefore P(n) = \dfrac{1}{21}$.

27) (Unesp-SP) Joga-se um dado honesto. O número que ocorreu (isto é, o da face voltada para cima) é o coeficiente da equação; $x^2 + bx + 1 = 0$. Determine:

a) a probabilidade de essa equação ter raízes reais;
b) a probabilidade de essa equação ter raízes reais, sabendo que ocorreu um número ímpar.

Solução: da equação, temos que $\Delta \geq 0 \Rightarrow b^2 - 4 \geq 0$. Para que essa equação tenha raízes reais devemos ter $b \geq 2$ ou $b \leq 2(\tilde{n}.serve)$; logo temos $b = 2$ ou $b = 3$ ou $b = 4$ ou $b = 5$ ou $b = 6$. Então, a probabilidade procurada será:

a) $P(n) = \dfrac{5}{6}$

b) $P(n) = \dfrac{n(A \cap B)}{n(B)} \Rightarrow \dfrac{2}{3}$ (pois os números ímpares são 3 sendo a intersecção 2).

28) (UFRJ) Um estudante caminha diariamente de casa para o colégio, onde não é permitido ingressar após as 7h30min. No trajeto ele é obrigado a cruzar três ruas. Em cada rua, a travessia de pedestres é controlada por sinais de trânsito não sincronizados. A probabilidade de cada sinal estar aberto para o pedestre é igual a $\frac{2}{3}$ e a probabilidade de estar fechado é igual a $\frac{1}{3}$. Cada sinal aberto não atrasa o estudante, porém cada sinal fechado o retém por 1minuto. O estudante caminha sempre com a mesma velocidade. Quando os três sinais estão abertos, o estudante gasta exatamente 20 minutos para fazer o trajeto. Em um certo dia, o estudante saiu de casa às 7h09min. Determine a probabilidade de o estudante, nesse dia, chegar atrasado ao colégio, ou seja, chegar após as 7h30min.

Solução: o estudante chegará às 7h30min se tiver 2 sinais fechados e 1 aberto
$P(1) = \left(\frac{1}{3}\right)^2 \cdot \frac{2}{3} \cdot 3 = P(1) = \frac{6}{27}$.
Chegará se tiver 3 sinais fechados
$P(2) = \left(\frac{1}{3}\right)^3 = P(2) = \frac{1}{27} \therefore P(n) = \frac{1}{27} + \frac{6}{27} \Rightarrow P(n) \cong 25,9\%$.

29) (CVM) São lançados três dados não viciados. Seja S a soma dos resultados do lançamento desses dados.

Analise as afirmativas a seguir:
I - A probabilidade é mesma para que S seja 4 ou 17.
II - A probabilidade é maior para que S seja 18 do que 8.
III - A probabilidade é menor para que S seja 3 do que 15.

Está/ão correta (s) somente:
a) I.
b) II.
c) III.
d) I e II.
e) II e III.

Solução: vamos fazer uma análise das opções dadas:

I) nesta opção há três possibilidades de termos resultado 4: (1,1,2); (2,1,1); (1,2,1). Em relação a 17, temos: (6,6,5); (6,5,6); (5,6,6), que também é 3 (V);
II) nesta opção há somente uma possibilidade de termos soma 18, que é (6,6,6); já em relação ao número 8, temos mais de uma, por exemplo (2,2,4); (3,3,2), logo (F);
III) nesta opção existe apenas uma possibilidade de S ser 3, que é (1,1,1), já ser 15, temos mais de uma, o que torna-a falsa. Portanto, somente a opção I é a correta.

30) (PUC-SP) Num pátio há galinhas e coelhos, num total de 50 animais e 140 pés. A probabilidade de se considerar ao acaso um desses animais e o mesmo ser coelho é:

a) $\dfrac{2}{5}$

b) $\dfrac{1}{2}$

c) $\dfrac{5}{14}$

d) $\dfrac{1}{3}$

e) $\dfrac{1}{5}$

Solução: fazendo $\begin{cases} x \to coelhos \\ y \to galinhas \end{cases}$ temos $\begin{cases} x+y=50 \\ 4x+2y=140 \end{cases}$ resolvendo teremos $y = 30$.

A probabilidade de ser coelho será $P(n) = \dfrac{2}{5}$.

31) Em um grupo de 100 pessoas temos:

* 25 são estrangeiros e os demais brasileiros;
* 60 homens e 40 mulheres;
* 85 são casados e os outros solteiros.

Qual a probabilidade de que uma pessoa escolhida ao acaso seja um homem, solteiro e brasileiro?

Solução: usando o enunciado temos:

* a probabilidade de ser homem: $\dfrac{6}{100}$;
* a probabilidade de ser solteiro: $\dfrac{15}{100}$; logo $\Rightarrow P(n) = \dfrac{75}{100} \cdot \dfrac{60}{100} \cdot \dfrac{15}{100} \Rightarrow P(n) = \dfrac{27}{400}$.
* a probabilidade de ser brasileiro: $\dfrac{75}{100}$.

32) (UNIMEP-SP) Um lote é constituído de 12 peças perfeitas e 5 defeituosas. Feita uma retirada de três peças, a probabilidade de serem duas perfeitas e uma defeituosa é:

a) $\dfrac{5}{12}$.

b) $\dfrac{3}{17}$.

c) $\dfrac{3}{5}$.

d) $\dfrac{3}{34}$.

e) $\dfrac{3}{68}$.

Solução: note que o nosso $n(B) = C^3_{17}$ e $n(A) = C^5_1 \cdot C^{12}_2$,

então $P(n) = \dfrac{C^5_1 \cdot C^{12}_2}{C^{17}_3} \Rightarrow P(n) = \dfrac{33}{68}$.

33) Em uma urna há 100 bolinhas numeradas de 1 a 100. Se admitirmos que as probabilidades são todas iguais a $\dfrac{1}{100}$, determine a probabilidade de escolhermos uma bola ao acaso e ser múltiplo de 8.

Solução: de 1 a 100 existem 12 múltiplos de 8, logo $P(n) = \dfrac{8}{100} \Rightarrow P(n) = 8\%$.

34) (UnB-DF) O acesso a uma página na internet nem sempre ocorre na primeira tentativa. Por isso, os computadores são programados para repetir as tentativas até que haja o primeiro acesso. Considere que a probabilidade de o acesso a uma determinada página da internet ocorrer com sucesso na n-ésima tentativa seja igual a $3x(0,25)^n$, em que $n \geq 1$. Com base nessas informações, julgue os itens subsequentes.

a) A probabilidade de haver sucesso na segunda tentativa de acesso a página da internet é inferior a 0,2.

b) A probabilidade de o acesso a uma página da internet ocorrer com sucesso até a décima tentativa é igual a $1 - \dfrac{1}{4^{10}}$.

c) Considere que um usuário tenha conseguido acesso a uma página da internet em quatro diferentes ocasiões. Considere também que as quatro ocasiões tenham sido independentes. Nessa situação, a probabilidade de ele ter conseguido acesso logo na primeira tentativa em três dessas quatro ocasiões é inferior a 0,30.

Solução:

a) A probabilidade na enésima será: $P(n) = 3 \cdot \left(\dfrac{1}{4}\right)^n \Rightarrow P(2) = \dfrac{3}{4^2} \cong 18,7\% \to (V)$.

b) $p(1) + p(2) + \ldots + p(10) = \dfrac{3}{4} + \dfrac{3}{4^2} + \ldots + \dfrac{3}{4^{10}}$,

logo, $\dfrac{\dfrac{3}{4}\left[\left(\dfrac{1}{4}\right)^{10} - 1\right]}{\dfrac{1}{4} - 1} = \dfrac{\dfrac{3}{4}\left[\left(\dfrac{1}{4}\right)^{10} - 1\right]}{-\dfrac{3}{4}} = 1 - \dfrac{1}{4^{10}} \to (V)$

c) este evento é complementar um do outro, ou seja, na primeira tentativa $p(\bar{1}) = 1 - p(1) = 1 - \dfrac{3}{4} = \dfrac{1}{4}$; então temos: $p(1).p(1).p(1).p(\bar{1}).4 = \left(\dfrac{3}{4}\right)^3 \cong 42\% \to (F)$.

35) Uma cidade tem 50.000 habitantes e três jornais A, B, C.

Sabe-se que:
* 15.000 leem o jornal A;
* 10.000 leem o jornal B;
* 8.000 leem o jornal C;
* 6.000 leem os jornais A e B;
* 4.000 leem os jornais A e C;
* 3.000 leem os jornais B e C;
* 1.000 leem os jornais A, B, C;

Se uma pessoa for selecionada ao acaso, qual a probabilidade:

a) De que a pessoa sorteada leia pelo menos um jornal;
b) De que a pessoa sorteada leia apenas um jornal.

Solução: O problema proposto nos fala em um conjunto. Logo, vamos usar essa teoria. O número de pessoas que não leem nenhum jornal é 50.000 - 21.000 = 29.000;

a) A probabilidade pedida é $P(n) = \dfrac{21}{50}$;

b) A probabilidade pedida é $P(n) = \dfrac{6.000 + 2.000 + 2.000}{50.000} = \dfrac{1}{5}$.

36) De um baralho de 52 cartas, 3 são extraídas ao caso, sem reposição. Qual a probabilidade de que as 3 cartas sejam do mesmo naipe?

Solução: o espaço amostral é formado por todas as possibilidades de retirarmos três cartas, ou seja, $C_3^{52} = 22100$; e os casos favoráveis são todas as possibilidades de três cartas de mesmo naipe, ou seja, $4 \cdot C_3^{13} = 1144$.

Então temos $P(n) = \dfrac{1144}{22100} = \dfrac{22}{425}$.

37) Um homem encontra-se na origem de um sistema cartesiano ortogonal. Ele só pode andar uma unidade de cada vez, para cima ou para a direita. Se ele andar 10 unidades, qual a probabilidade de chegar no ponto $P(7,3)$?

Solução: note que temos 2 possibilidades, pois ele pode ir para cima e para a direita, então pelo P.F.C $\underbrace{2 \cdot 2 \cdot 2 \cdot \ldots \cdot 2}_{10 \text{ vezes}} = 2^{10}$ possibilidades e os casos favoráveis correspondem a todas permutações de 10 passos com 7 e 3 repetições, ou seja, $P_{(7,3)}^{10}$. Portanto, temos que a probabilidade é $P(n) = \dfrac{P_{(7,3)}^{10}}{2^{10}} \Rightarrow P(n) = \dfrac{15}{28}$.

38) (Técnico-Fazendário) Ao jogar um determinado dado viciado, a probabilidade de sair o número 6 é de 20%, enquanto as probabilidades de sair qualquer outro número são iguais entre si. Ao jogar esse dado duas vezes, qual o valor mais próximo da probabilidade de um número par sair duas vezes?
a) 20%;
b) 27%;
c) 25%;
d) 23%;
e) 50%.

Solução: como $P_{(6)} = 0,2$, logo $P_{(1)} = P_{(2)} = P_{(3)}, ..., = P_{(5)} = 0,8$; são cinco faces, daí;

$$\frac{0,8}{5} = 0,16.$$

Então teremos: $(0,16.0,16) + (0,16.0,16) + 2.(0,16.0,16) + 2.(0,16.0,2) + 2.(0,16.0,2) + (0,2.0,2) = 0,2704 = 27\%$.

39) (Técnico-Fazendário) Ao jogar um dado honesto três vezes, qual a probabilidade de o número 1 sair exatamente uma vez?

a) 35%;
b) 17%;
c) 7%;
d) 42%;
e) 52%

Solução: há três possibilidades $\begin{cases} sair \to P_{(1)} \\ ñ.sair \to P_{(1)} \\ ñ.sair \to P_{(1)} \end{cases}$, também há a combinação entre os três dados, portanto temos $C_2^3 = \frac{3!}{2!(3-2)!} = 3$.

Logo, a probabilidade pedida é $P(n) = 3.\left(\frac{1}{6}.\frac{5}{6}.\frac{5}{6}\right) \Rightarrow \frac{75}{216} \cong 35\%$.

40) (TCE –PI/adaptado) Há apenas dois modos, mutuamente excludentes, de Anália ir para seu trabalho, de metrô ou de moto. A probabilidade de Anália ir de metrô é de 30% de ir de moto é de 70%.

Se ela for de metrô, a probabilidade de chegar ao trabalho com dez minutos de atraso é de 10%.

Se ela for de moto, a probabilidade de chegar com dez minutos de atraso é de 20%. Sabe-se que Anália não se atrasou. A probabilidade de ela ter ido de moto é mais próximo de:
a) 20%;
b) 25%;
c) 30%;
d) 40%;
e) 67%.

Solução: ir de metrô é 30%, logo ir de moto é 70%; se atrasar indo de metrô é 10%, logo, não atrasar indo de moto é 90%; se atrasar indo de moto é de 20%, não atrasar indo de moto é 80%. Analisando o total de casos possíveis, temos 30%.90% + 70%.80% = 83%; os casos favoráveis são iguais a 70%.80% = 56%. Portanto, a probabilidade procurada será igual a $P(n) = \dfrac{56}{83} \Rightarrow P(n) = 0{,}67 \therefore 56\%$.

41) (Secad-TO/Cespe) Uma empresa fornecedora de armas possui 6 modelos adequados para operações policiais e 2 modelos inadequados. Nesse caso, se a pessoa encarregada de compra de armas para uma unidade da polícia ignorar essa adequação e solicitar ao acaso a compra de uma das armas, então a probabilidade de ser adquirida uma arma inadequada é inferior a $\dfrac{1}{2}$.

Solução: note que temos um espaço amostral de 8, pois representam o total de possibilidades de escolha de armas (sendo adequadas ou não); a escolha para armas inadequadas tem um total de 2, que representa o total de possibilidades de escolher uma arma inadequada. Logo, temos que a probabilidade procurada é igual a $\dfrac{1}{2}$ e não inferior a $\dfrac{1}{2}$.

42) (Prefeitura Municipal-Limeira/Cespe) Considere que Carlos, Maria e Antônio sejam indicados para ocupar um posto em uma empresa; que somente um dos três será contratado; que a probabilidade de Maria ser contratada é igual a duas vezes a probabilidade de Carlos ser contratado; e que a probabilidade de Antônio ser contratado é igual a duas vezes a probabilidade de Maria ser contratada. Neste caso, a probabilidade de Carlos ser contratado é igual a $\frac{1}{5}$.

Solução: vamos pensar da seguinte forma: $p(M) = 2p(C)$ e $p(A) = 2p(M)$; se chamarmos $p(C) = \delta$, logo $p(M) = 2\delta \therefore p(A) = 4\delta$.

Note que a soma é 1; portanto, temos $\delta + 2\delta + 4\delta = 1 \Leftrightarrow \delta = \frac{1}{7}$.

Como, $p(C) = \delta$, a probabilidade de Carlos ser contratado é de $\frac{1}{7}$.

43) (Tribunal de Justiça -PA/Cespe) Considere que, em uma repartição pública com 10 empregados, o número de homens seja igual a 6. Neste caso, escolhendo-se aleatoriamente 4 pessoas para formar uma comissão, a probabilidade de essa comissão ser composta por 2 homens e 2 mulheres é:
a) inferior a 0,20.
b) superior a 0,20 e inferior a 0,35.
c) superior a 0,35 e inferior a 0,45.
d) superior a 0,45.

Solução: total de possibilidades $C_4^{10} = 210$; escolher 2 homens e 2 mulheres: $C_2^6 \cdot C_2^4 = 90$, logo $P(n) = \frac{90}{210} \cong 42\%$.

44) (PGE-PA/Cespe) Um fornecedor enviou para uma prefeitura municipal um lote contendo 10 lâmpadas, das quais uma não funcionará por causa de um defeito de fabricação. As 9 lâmpadas restantes funcionarão normalmente. Quando o lote chegar à prefeitura, duas lâmpadas serão selecionadas aleatoriamente. A probabilidade de essas duas lâmpadas selecionadas funcionarem é igual a:
a) 0,80;
b) 0,81;
c) 0,90;
d) 1,00.

Solução: o total de possibilidades de escolher duas lâmpadas quaisquer é $C_2^{10} = 45$; e escolher duas lâmpadas que funcionem é $C_2^9 = 36$, logo a probabilidade procurada será $P(n) = \frac{36}{45} \Rightarrow P(n) = 0,80$.

45) (HFA/Cespe) Um hospital está selecionando médicos para atuarem em uma unidade de sua rede.

Dois médicos, Carlos e Marisa, foram os finalistas nesse processo. A análise de currículos mostra que a probabilidade de os dois serem selecionados é de 15%; a probabilidade de apenas um deles ser selecionado é 75%; e que Marisa tem 5% a mais de probabilidade de ser selecionada que o Carlos.

Considerando a situação hipotética acima, julgue os itens subsequentes, referentes à seleção.

1) A probabilidade de que nenhum dos dois seja selecionado é igual a 5%.
2) A probabilidade de Marisa ser selecionada e Carlos não, é superior a 35%.

Solução: a partir do enunciado:
* probabilidade de só termos $P(C)$;
* probabilidade de só termos $P(M)$;
* probabilidade de termos os dois $P(C) \cap P(M) \to 15\%$;
* probabilidade dos dois serem selecionados $P(C) + P(M) \to 75\%$;
* probabilidade de não termos os dois eventos $P(\delta)$.

Fazendo $P(C) = x$ e $P(M) = y$, teremos $\begin{cases} x+y=75 \\ y=x+5 \end{cases}$, resolvendo o sistema temos $x = 35$ e $y = 40$.

Observação: Lembremo-nos que $P(\delta) = 1 - P[P(C) \cup P(M)]$.

Pela teoria dos conjuntos, temos que $n(A \cup B) = n(A) + n(B) - n(A \cap B)$. Por conclusão, temos que:

* $P(C) = 50\%$;
* $P(M) = 55\%$;
* $P(C) \cap P(M) = 15\%$;
* Portanto $P(\delta) = 10\%$.

Agora, vamos responder os itens 1 e 2.

1) A probabilidade de não termos nenhum dos dois selecionados é 10% (ERRADO);
2) A probabilidade de Marisa ser selecionada e Carlos não é 40%, logo (CERTO).

46) (MDS-Cespe/UnB) Com os algarismos 1, 2, 4, 5, 6 e 8 deseja-se formar números de 3 algarismos, não sendo permitida a repetição de algarismos em mesmo número. Julgue os itens subsequentes com relação a esses números.

1) Escolhendo-se um desses números ao acaso, a probabilidade de ele ser múltiplo de 5 é inferior a 0,15.
2) Desses números, mais de 50 são números ímpares.
3) Escolhendo-se um desses números ao acaso, a probabilidade de ele ser menor que 300 é superior a 0,3.

Solução:
1) o total de possibilidades de formar números de 3 algarismos diferentes é 6.5.4 = 120. Agora, vamos determinar as possibilidades de formar números que sejam múltiplos de 5. Neste caso, o número deve terminar por 5. Logo, temos 5.4.1 = 20; então a probabilidade procurada é: $P(n) = \dfrac{20}{120} \Rightarrow P(n) = 0,16$, o que torna (ERRADO);

2) para que esse número seja ímpar deve terminar pelos algarismos 1 ou 5, logo há 4.3.2 = 24, o que torna (ERRADO);

3) para que esse número seja menor que 300, devemos ter 2!.5.4.1 = 40, logo a probabilidade procurada será $P(n) = \dfrac{40}{120} \cong 0,33$, sendo a resposta (CERTA).

47) (Prefeitura Municipal-PA Cespe/UnB) Uma moeda viciada, ao ser lançada, cai com a cara para cima (cara) em 60% dos casos e com a coroa para cima (coroa) em 40% dos casos. Com base nessas informações, julgue os itens a seguir.

I) A probabilidade de dar cara em dois lançamentos seguidos dessa moeda é superior a 40%.
II) A probabilidade de dar coroa em três lançamentos seguidos dessa moeda é inferior a 10%.

Solução:
I) neste item, a probabilidade procurada é $P(n) = 0,6 . 0,6 = 0,36 = 36\%$, pois são dois lançamentos; (ERRADO).
II) neste item, a probabilidade procurada é $P(n) = (0,4)^3 = 0,064 = 6,4\%$, pois são três lançamentos; (CERTO).

48) (UFPE) O vírus X aparece nas variantes X_1 e X_2. Se um indivíduo tem esse vírus, a probabilidade de ser a variante X_1 é de $\frac{3}{5}$. Se o indivíduo tem o vírus X_1, a probabilidade de esse indivíduo sobreviver é de $\frac{2}{3}$, mas se o indivíduo tem o vírus X_2, a probabilidade de ele sobreviver é de $\frac{5}{6}$.

Nessas condições, qual a probabilidade de o indivíduo portador do vírus X sobreviver?

a) $\frac{1}{3}$

b) $\frac{7}{15}$

c) $\frac{3}{5}$

d) $\frac{2}{3}$

e) $\frac{11}{15}$

Solução: note que se $P(X_1) = \frac{3}{5}$, então $P(X_2) = \frac{2}{5}$, pois são eventos complementares. Portanto, a probabilidade procurada será igual a $P(X) = \frac{3}{5} \cdot \frac{2}{3} + \frac{2}{5} \cdot \frac{5}{6} \Rightarrow P(X) = \frac{11}{15}$.

49) Um casal deseja ter 4 filhos. Qual é a probabilidade de que esses 4 filhos sejam meninos?

Solução: no nascimento de uma criança, temos duas situações, que são: nascer menino ou nascer menina, logo, para cada um $\frac{1}{2}$ de possibilidades; como o casal deseja que seus 4 filhos sejam meninos, teremos $P(n) = \left(\frac{1}{2}\right)^4 \Rightarrow P(n) = \frac{1}{16} \cong 6,25\%$.

50) Se esse mesmo casal desejar ter 3 meninos e 1 menina, qual será a probabilidade de acontecer esse evento?

Solução: neste caso, teremos $P(n) = 4 \cdot \left(\frac{1}{2}\right)^3 \cdot \frac{1}{2} \Rightarrow P(n) = \frac{1}{4} = 25\%$.

51) Se esse casal quiser ter 1 menino e 3 meninas?

Solução: agora temos $P(n) = 4 \cdot \left(\frac{1}{2}\right) \cdot \left(\frac{1}{2}\right)^3 \Rightarrow P(n) = \frac{1}{4} = 25\%$.

Capítulo 2 - Probabilidade | 77

52) (Técnico de Arquivo-Uepa/Cespe-UnB). Texto para os itens I e II.
Segundo um estudo de uma empresa de consultoria internacional, dos 190 milhões de indivíduos da população brasileira há 190 milionários. Só no ano passado, 60 mil brasileiros tornaram-se milionários. Pouca gente se dá conta disso, mas um país em que a probabilidade de se tornar um milionário é maior do que do que a de levar um tiro fatal é um país no rumo correto. De acordo com essa empresa de consultoria, no Brasil a probabilidade de se tornar um milionário é 50% maior do que a de morrer em um acidente de trânsito. (Veja. Ed. 2044, ano 41, nº 3, 23/1/2008- com adaptações)

I) Considerando-se que os eventos relativos às probabilidades citadas no texto acima sejam mutuamente exclusivos, assinale a opção correta.
a) A probabilidade de ser assassinado é pelo menos 30% maior do que a de morrer em um acidente de trânsito.
b) A probabilidade de um brasileiro tornar-se milionário é 50% maior do que a probabilidade de ele ser assassinado ou de ele morrer em um acidente de trânsito.
c) Na população brasileira, em média, um em cada 10mil brasileiros é milionário.
d) Os eventos relativos às probabilidades citadas no texto são independentes.

II) No ano passado, a probabilidade de um indivíduo se tornar milionário no Brasil foi:
a) inferior a 0,0005.
b) superior a 0,0005 e inferior a 0,0015.
c) superior a 0,0015 e inferior a 0,0025.
d) superior a 0,0025.

Solução: analisando as opções, temos, levando-se em conta que do texto temos que a primeira premissa é verdadeira; vamos analisar o enunciado (I);

a) é falsa, pois fazendo a comparação no texto temos que a probabilidade de ser assassinado é de 25% maior do que morrer em um acidente de trânsito;
c) como há 190mil para 190 milhões, temos 1 para 1000, logo é falsa;
d) também é falsa, pois os eventos estão relacionados pelo fato de tornar milionário. A opção certa é a letra (b).

Analisando o enunciado (II); $P(n) = \dfrac{20}{120} \Rightarrow P(n) = 0,16$

do enunciado temos: $P(n) = \dfrac{60000}{190000000} \Rightarrow P(n) = \dfrac{6}{19222} \cong 0,0003157 \therefore 0,0003157 < 0,0005$.

Logo, a opção correta é a letra (a).

53) Uma clínica especializada trata de 3 tipos de moléstias: X, Y e Z. 50% dos que procuram a clínica são portadores de X, 40% são portadores de Y e 10% são portadores de Z. As probabilidades de cura, nessa clínica, são:
* moléstia X: 0,8
* moléstia Y: 0,9
* moléstia Z: 0,95

Um enfermo saiu curado da clínica. Qual a probabilidade de que ele sofresse da moléstia Y:

Solução: vamos montar um esquema; $\begin{cases} X(cura) \to 0,8 \\ X(ñ.cura) \to 0,2 \end{cases}$ indicando por ϕ curado e δ não curado, temos:

$\begin{cases} X(cura) \to 0,9 \\ Y(ñ.cura) \to 0,1 \end{cases}$

$\begin{cases} 1^a(etapa) \to P(\phi.e.\delta) = 0,4.0,9 = 0,36 \\ 2^a(etapa) \to P(\phi) = 0,5.0,8 + 0,4.0,9 + 0,1.0,95 = 0,855 \end{cases}$

$\begin{cases} Z(cura) \to 0,95 \\ Z(ñ.cura) \to 0,05 \end{cases}$

a probabilidade procurada será $P(\phi/\delta) = \dfrac{0,36}{0,855} = 0,421 \Rightarrow 42,1\%$.

54) (Problema proposto por Chevalier De Meré a Pascal)

O que é mais provável:
a) obter pelo menos um "6" jogando um dado 4 vezes ou
b) obter um par de 6 pelo menos uma vez jogando dois dados simultaneamente 24 vezes?

Solução:
a) a probabilidade de não se obter um 6 é $\dfrac{5}{6}$, mas esse dado foi lançado 4 vezes, logo temos que a probabilidade de não se obter é $P(n) = 1 - \left(\dfrac{5}{6}\right)^4 \cong 0,5177$ ou 51,77%.

b) para não obtermos um par (6, 6) teremos $\dfrac{35}{36}$, para obtermos a probabilidade será $P(n) = 1 - \left(\dfrac{35}{36}\right)^{24} = 0,4914$ ou 49,14% o que torna mais provável a letra "a".

55) (ENEM-2009) Em um concurso realizado em uma lanchonete, apresentavam-se ao consumidor quatro cartas voltadas para baixo, em ordem aleatória, diferenciadas pelos algarismos 0, 1, 2 e 5. O consumidor selecionava uma ordem ainda com as cartas voltadas para baixo. Ao desvirá-las, verificavam-se quais delas continham o algarismo na posição correta dos algarismos do número 12,50 que era o valor, em reais, do trio-promoção. Para cada algarismo na posição correta, ganhava-se R$ 1,00 de desconto. Por exemplo, se a segunda carta da sequência escolhida pelo consumidor fosse 2 e a terceira fosse 5, ele ganharia R$ 2,00 de desconto.

Qual a probabilidade de um consumidor não ganhar qualquer desconto?

a) $\dfrac{1}{24}$

b) $\dfrac{3}{24}$

c) $\dfrac{1}{3}$

d) $\dfrac{1}{4}$

e) $\dfrac{1}{2}$

Solução: esta questão possui duas formas de resolvê-la:

(1ª solução). O total de possibilidades é 4! = 4.3.2.1 = 24; para que o consumidor não ganhe o desconto, as cartas não devem estar nas suas posições originais, ou seja: (0,1,2,5); (0,5,1,2); (0,5,2,1), logo há 3 possibilidades; se pensarmos no algarismos zero (0) na primeira posição, temos mais 3 possibilidades, daí 3.3 = 9. Portanto, a probabilidade procurada é $P(n) = \dfrac{9}{24}$.

(2ª solução) Existe um caso na análise combinatória e na probabilidade chamada de permutação caótica. E podemos expressar essa probabilidade da seguinte forma: $P(n_c) = \dfrac{n!}{e}$, onde n é o valor mais próximo do inteiro envolvido na permutação e o número (e), é o número de Euller. Logo, temos $P(n_c) = \dfrac{4!}{2,78} \cong 9$; o total de possibilidades é a permutação entre os algarismos do número dado, logo teremos: $P(n) = \dfrac{9}{24}$, que também indica a probabilidade procurada.

Observação: "Esta questão infelizmente foi anulada, por não possuir a resposta correta, assim como toda prova deste exame".

56) (Técnico de inspeção júnior-Cespe/UnB) Considere que tenham sido recolhidas para análise amostras de óleo de quatro campos petrolíferos da bacia de campos, na seguinte proporção: 5 amostras do campo de Albacorra. 10 do campo de Marlim, 7 do campo de Espadarte e 8 amostras do campo de Barracuda. Considere, também, que, durante o procedimento de análise, as amostras tenham sido selecionadas de maneira aleatória, entre as 30 amostras anteriormente mencionadas.

Com base nessas informações, julgue os itens subsequentes.

I. A probabilidade de uma amostra selecionada ao acaso ser proveniente do campo de Marlim é inferior a 0,35.
II. A probabilidade de uma amostra selecionada ao acaso não ser proveniente do campo de Barracuda é superior a $\frac{3}{4}$.
III. A probabilidade de duas amostras selecionadas ao acaso, e independentemente da ordem da escolha, serem provenientes do campo de Marlim é superior a 0,1.

Solução: vamos analisar as opções:

I. nesta opção temos $P(n) = \frac{10}{30} = 0,33$, sendo $0,33 < 0,35$, portanto (CERTO).

II. nesta opção temos $P(n) = \frac{30-8}{30} \therefore P(n) = 0,73$, sendo $\frac{3}{4} = 0,75; 0,73 < 0,75$ (ERRADA).

III. nesta opção temos $P(n) = \frac{10}{30} \cdot \frac{9}{29} = \frac{9}{87} \cong 0,103$, ou seja, $0,103 > 0,1$, logo (CERTO).

57) (Agente Administrativo MP-AM/Cespe/UnB) Considere que, em um jogo em que se utilizam dois dados não viciados, o jogador A pontuará se, ao lançar os dados, obtiver a soma 4 ou 5, e o jogador B pontuará se obtiver a soma 6 ou 7. Nesta situação, é correto afirmar que o jogador 2 tem maior probabilidade de obter os pontos esperados.

Solução: vamos montar uma tabela para ilustrar o que foi dito no enunciado.

Jogador A	Jogador B
4(1+3)	6(1+5)
4(2+2)	6(2+4)
5(1+4)	6(3+3)
5(2+3)	7(1+6)
	7(3+4)
	7(2+5)

Portanto, o jogador B possui o maior número de chances do que o jogador A. (CERTO).

58) As probabilidades de que duas pessoas A e B resolvam um problema de matemática são: $P(A) = \dfrac{1}{3}$ e $P(B) = \dfrac{3}{5}$. Determine a probabilidade de que A resolva o problema e B não resolva.

Solução: já foi mencionado que a intercessão de dois eventos é igual ao produto, logo temos: $P(A \cap B) = P(A).P(B) = \dfrac{1}{3}.\dfrac{2}{5} = \dfrac{2}{15} \cong 13\%$.

59) (Técnico bancário CEF/Cesgranrio) Para responder à questão a seguir, utilize os dados da tabela abaixo, que representam as frequências acumuladas das idades de 20 jovens entre 14 e 20 anos.

Idade (anos)	Frequência acumulada	Idade (anos)	Frequência acumulada
14	2	18	15
15	4	19	18
16	9	20	20
17	12		

Um desses jovens será escolhido ao acaso. Qual a probabilidade de que o jovem escolhido tenha menos de 18 anos, sabendo que esse jovem terá 16 anos ou mais?

a) $\dfrac{8}{14}$

b) $\dfrac{8}{16}$

c) $\dfrac{8}{20}$

d) $\dfrac{3}{14}$

e) $\dfrac{3}{16}$

Solução: como foi dito que o jovem tem 16 anos ou mais, logo os de 14 e 15 não estarão no cálculo. Vamos determinar a frequência simples. Da tabela temos:
* idade 14(anos)⇒2;
* idade 15(anos)⇒2: pois é a diferença de (4-2).
* idade 16(anos)⇒5; pois é a diferença de (9-4).
* idade 17(anos)⇒3; pois é a diferença de (12-9).
* idade 18(anos)⇒3; pois é a diferença de (15-12).
* idade 19(anos)⇒3; pois é a diferença de (18-15).
* idade 20(anos)⇒2; pois é a diferença de (20-18).

Logo teremos (5+3+3+3+2) = 16, sendo somente os (5+3) = 8 que irão atender a condição proposta; então a probabilidade será $P(n) = \dfrac{8}{16}$.

60) Dispõe-se de um mapa. Dispõe-se também de um dado com 3 faces vermelhas e 3 faces azuis.

Considerando as regras:
I. Partindo do quadro I pode-se caminhar, no sentido indicado pelas setas, para os demais quadros, a cada lançamento do dado;
II. Lançando-se o dado, se sair face azul, segue-se pela seta da direita até o quadro seguinte;
III. Lançando-se o dado, se sair face vermelha, segue-se pela seta da esquerda até o quadro seguinte.

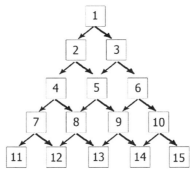

Determine a probabilidade de chegar ao quadro 13 partindo do 1.

Solução: note que, para cada passo, existe $\frac{1}{2}$ de possibilidades; logo teremos:
$P(n_{13}) = 6 \cdot \left(\frac{1}{2}\right)^4 \Rightarrow P(n_{13}) = 6 \cdot \left(\frac{1}{16}\right) \Rightarrow P(n_{13}) = \frac{3}{8}$, que é a probabilidade procurada.

61) Numa sala existem 4 homens e 6 mulheres. Uma mosca entra na sala e pousa em uma das pessoas, ao acaso. Determine:

I. Qual a probabilidade de que a pessoa seja um homem;
II. Qual a probabilidade de que a pessoa seja uma mulher.

Solução: o total de possibilidades de escolha é de 10, logo temos;

a) $P(n) = \frac{4}{10} \Rightarrow 40\%$ de ser um homem;

b) $P(n) = \frac{6}{10} \Rightarrow 60\%$ de ser uma mulher.

62) A probabilidade de um medicamento curar uma doença é $\frac{3n+1}{4n}$, e de não curar é $\frac{n-2}{6}$.

Determine o valor numérico que representa a probabilidade de um paciente curar-se dessa doença com a administração desse medicamento.

Solução: note que os eventos são complementares, logo a soma das possibilidades é 1; fazendo: $P(\varphi) \to curar$ e $P(\phi) \to \tilde{n}.curar$, temos: $P(\varphi) + P(\phi) = 1$. Daí temos: $\frac{3n+1}{4n} + \frac{n-1}{6} = 1 \therefore n = 3$ ou $n = \frac{1}{2}$.

Agora façamos a análise das respostas encontradas;

I. Se $n = 3$, então $P(\varphi) = \frac{3.3+1}{4.3} \Rightarrow P(\varphi) = \frac{5}{6}$;

II. Se $n = \frac{1}{2}$, então $P(\varphi) = \frac{3.\frac{1}{2}+1}{4.\frac{1}{2}} \Rightarrow P(\varphi) = \frac{5}{4}$; esta resposta não convém, pois é maior do que 1.

63) Em um programa de televisão, dez cartões, numerados de 1 a 10, foram distribuídos a dez pessoas que concorriam a um prêmio. Depois, o apresentador sorteou de uma urna um desses números e, para criar um "suspense", afirmou que: "o número sorteado é par". Qual a probabilidade de que o número sorteado seja maior que 4?

Solução: temos em nosso espaço amostral o conjunto $B = \{1, 2, 3,..., 10\}$. Como o apresentador afirmou que o número era par, temos $A = \{2, 4, 6, 8, 10\}$. Para que esse número seja maior do que 4, devemos ter apenas os números $\{6, 8, 10\}$. A probabilidade procurada será $P(n) = \frac{n(A \cap B)}{n(A)} \Rightarrow P(n) = \frac{3}{5}$.

64) Na gôndola de um supermercado há somente sabonetes azuis ou da marca Tux, num total de 140 unidades, sendo 80 azuis e 100 da marca Tux. Retirando-se ao acaso um sabonete dessa gôndola, qual a probabilidade de se obter um sabonete azul da marca Tux?

Solução:
$n(\phi) = \{x/x.é.sabonete.da.gôndola\} \therefore n(B) = 140$;
$n(A) = \{y \in \phi/y.é.sabonete.azul\} \therefore n(A) = 80$;
$n(B) = \{z \in \phi/z.é.sabonete.da.marca.Tux\} \therefore n(B) = 100$;
$n(A \cap B) = \{w \in \phi/z.é.sabonete.azul.e.da.marca.Tux\}$;
Logo temos que $P(A \cap B) = \dfrac{40}{140} \therefore P(A \cap B) = \dfrac{2}{7} \cong 28,60\%$.

65) (UEL-PR) Devido à ameaça de uma epidemia de sarampo e rubéola, os 400 alunos de uma escola foram consultados sobre as vacinas que já haviam tomado. Do total, 240 haviam sido vacinados contra sarampo e 100 contra rubéola, sendo que 80 não haviam tomado nenhuma dessas vacinas. Tomando-se ao acaso um aluno dessa escola, a probabilidade de ele ter tomado as duas vacinas é?
a) 2%.
b) 5%.
c) 10%.
d) 15%.
e) 20%.

Solução: para termos a interseção, basta resolver a equação: $240 - x + 100 - x + 80 = 400 \therefore x = 20$.
Logo temos que a probabilidade procurada é: $P(S \cap R) = \dfrac{20}{400} = 5\%$.

66) (UNIRIO) Numa urna existem vinte bolas, todas do mesmo tamanho e peso, numeradas de 2 a 21.

Sorteando-se uma dessas bolas, a probabilidade de que ela apresente um número primo é:
a) 45%;
b) 40%;
c) 35%;
d) 30%;
e) 25%.

Solução: $n(B) = 20$ e $n(A) = \{x \in B/x.é.primo\} \therefore n(A) = 8$, logo temos $P(n) = \dfrac{8}{20} \Rightarrow P(n) = 40\%$.

67) (UERJ) Um pesquisador possui em seu laboratório um recipiente contendo 100 exemplares de *Aedes aegypti*, cada um deles contaminado com apenas um dos tipos de vírus, de acordo com a seguinte tabela:

tipo	Quantidade de mosquitos
DEN 1	30
DEN 2	60
DEN 3	10

Retirando-se simultaneamente e ao acaso dois mosquitos desse recipiente, a probabilidade de que pelo menos um seja contaminado com o tipo DEN 3 equivale a:

a) $\dfrac{8}{81}$.

b) $\dfrac{10}{99}$.

c) $\dfrac{11}{100}$.

d) $\dfrac{21}{110}$.

Solução: Note que temos eventos complementares. Se pensarmos na possibilidade de não ser, logo teremos $P(n) = 1 - P(\overline{n}) \Leftrightarrow P(n) = 1 - \left(\dfrac{89}{100} \cdot \dfrac{90}{99}\right) \Rightarrow P(n) = \dfrac{21}{110}$.

68) (UFF) Seiscentos estudantes de uma escola foram entrevistados sobre suas preferências quantos aos esportes vôlei e futebol. O resultado da pesquisa foi o seguinte: 204 estudantes gostam somente de futebol, 252 gostam somente de vôlei e 48 disseram que não gostam de nenhum dos dois esportes.

a) Determine o número de estudantes entrevistados que gostam dos dois esportes.
b) Um dos estudantes é escolhido, ao acaso. Qual a probabilidade de que ele goste de vôlei?

Solução:
a) montando a equação $204 - x + 252 - x + 48 = 600 \Leftrightarrow x = 96$

b) o espaço amostral é de 600, logo temos $n(B) = 600$; e $n(A) = 348$. Portanto,

$P(n) = \dfrac{348}{600} = 58\%$.

69) (Polícia Militar-RJ) São colocadas em um saco bolinhas de tênis de mesa: 5 de cor branca e 10 de cor laranja. Retira-se uma bolinha, sem reposição e, em seguida, retira-se outra. A probabilidade de serem da mesma cor é:

a) $\dfrac{1}{21}$

b) $\dfrac{6}{7}$

c) $\dfrac{19}{21}$

d) $\dfrac{4}{7}$

e) $\dfrac{11}{21}$

Solução: total de bolinhas 15 e serão escolhidas 2, então $n(B) = C_2^{15}$; se $P(n) + P(\overline{n}) = 1$, logo teremos: $P(n) = 1 - \left(\dfrac{5 \cdot C_1^{10}}{105}\right) \Rightarrow P(n) = \dfrac{11}{21}$.

70) (Unopar-PR) Cada uma das dez questões de uma prova apresenta uma única afirmação, que deve ser classificada como V (verdadeira) ou F (falsa). Um aluno, que nada sabe da matéria, vai responder a todas as questões ao acaso. A probabilidade que ele tem de não tirar zero é:

a) $\dfrac{1}{256}$

b) $\dfrac{511}{512}$

c) $\dfrac{3}{512}$

d) $\dfrac{1}{1024}$

e) $\dfrac{1023}{1024}$

Solução: para cada questão temos 2 possibilidades que são V ou F, portanto temos $2^{10} = 1024$.

Como o que queremos é a possibilidade de não tirar zero, temos como casos favoráveis $1024 - 1 = 1023$. Então, a probabilidade procurada é $P(n) = \dfrac{1023}{1024}$.

71) A super-sena é uma modalidade de jogo em que o apostador assinala um mínimo de 6 e um máximo de 15 dezenas em um cartão com 48 dezenas. Dentre essas 48 dezenas são sorteadas 6.

a) Calcule o número de cartões diferentes que podem ser formados com a aposta mínima.
b) Qual a probabilidade de serem sorteadas as dezenas de um cartão com aposta mínima?

Solução: como a aposta mínima é com 6 dezenas, temos:
a) o número de cartões distintos será $C_6^{48} = 12.271.512$;
b) a probabilidade procurada é $P(n) = \dfrac{1}{12.271.512}$.

72) (UFPE) Uma equipe de socorro, formada por 4 médicos, deve ser escolhida, aleatoriamente, dentre 4 cirurgiões e 6 ortopedistas. A probabilidade de que o grupo escolhido tenha pelo menos um cirurgião é:

a) $\dfrac{209}{210}$

b) $\dfrac{1}{210}$

c) $\dfrac{1}{14}$

d) $\dfrac{13}{14}$

e) $\dfrac{3}{5}$

Solução: note que o espaço amostral é formado por todas as possibilidades de se formar equipes com 4 médicos, ou seja, $C_4^{10} = 210$. Se pensarmos nas equipes formadas por 4 ortopedistas, o complementar será as equipes que tem pelo menos um cirurgião em cada uma. Daí, temos: $C_4^6 = 15$; logo a probabilidade procurada é dada por $P(n) = 1 - \dfrac{15}{210} \Rightarrow P(n) = \dfrac{195}{210} = \dfrac{13}{14}$.

73) (TRT) Em um setor de uma fábrica trabalham 10 pessoas que serão divididas em 2 grupos de 5 pessoas cada para realizar determinadas tarefas. João e Pedro são duas dessas pessoas. Neste caso, a probabilidade de João e Pedro ficarem no mesmo grupo é:
a) superior a 0,46;
b) inferior a 0,36;
c) superior a 0,36 e inferior a 0,40;
d) superior a 0,40 e inferior a 0,42;
e) superior a 0,42 e inferior a 0,46.

Solução: note que o total de possibilidades para escolhermos 5 pessoas em 10 é $C_5^{10} = 252$; e o total de possibilidades de formar grupos onde João e Pedro façam parte é $2 \cdot C_3^8 = 112$; logo a probabilidade procurada é $P(n) = \dfrac{112}{252} = 0,\overline{44}$, ou seja, maior do que 0,42 e menor do que 0,46.

74) (Vunesp-SP) Uma pesquisa sobre os grupos sanguíneos A, B e O, na qual foram testadas 6000 pessoas e uma mesma raça, revelou que 2527 têm o antígeno A, 2234 o antígeno B e 1846 não têm nenhum antígeno. Nessas condições, qual a probabilidade de que uma dessas pessoas, escolhida aleatoriamente, tenha os dois antígenos?

Solução: pelo menos um deles 6000 - 1846 = 4154; ambos antígenos 2234 + 2527 - 4154 = 607, logo a probabilidade será $P(n) = \dfrac{607}{6000} \cong 10\%$.

75) (Fuvest-SP) Numa urna há:
* uma bola numerada com o número 1;
* duas bolas com o número 2;
* três bolas com o número 3, e assim por diante, até n bolas com o número n.

Uma bola é retirada ao acaso desta urna. Admitindo que as bolas têm a mesma probabilidade de serem escolhidas, qual é, em função de n, a probabilidade de que o número da bola retirada seja par?

Solução:

O número de elementos de $n(B) = 1 + 2 + 3 + \ldots + n \Rightarrow n(B) = \dfrac{(n+1) \cdot n}{2}$, pois é a soma de n termos de uma P.A; como $n(A) = 2 + 4 + 6 + \ldots + n \Rightarrow n(A) = \dfrac{(n+2) \cdot \frac{n}{2}}{2} \Rightarrow n(A) = \dfrac{(n+2) \cdot n}{4}$;

como deve ser par temos $P(n) = \dfrac{(n+2) \cdot n}{4} \cdot \dfrac{2}{(n+1) \cdot n} \Rightarrow P(n) = \dfrac{n+2}{2 \cdot (n+1)}$.

76) Considere dois eventos independentes A e B de um mesmo espaço amostral. Sabendo que $P(A \cup B) = 0,9$, $P(A) = 0,4$ e $P(B) = x$, calcule x.

Solução: sabemos que $P(A \cup B) = P(A) + P(B) - P(A \cap B)$, mas os eventos são independentes, daí temos que $P(A \cap B) = P(A).P(B)$ e, substituindo, teremos $P(A \cup B) = P(A) + P(B) - P(A).P(B)$;

Então, ficaremos $0,9 = 0,4 + x - 0,4x \Rightarrow 0,6x = 0,5 \therefore x = \dfrac{5}{6}$.

77) O Senhor Good-Finguer e a senhora Pandora desejam ter uma família com seis filhos após o seu casamento. Qual a probabilidade de que dois de seus seis filhos sejam homens, sabendo que as possibilidades de nascer menino ou menina são iguais.

Solução: existe um caso na teoria das probabilidades que se resolve usando a teoria do binômio de Newton e é expresso da forma $P(N) = C^n_r.p^r.q^{n-r}$. Vejamos como fazer:

Do enunciado, temos: $\begin{cases} n = 6 \\ r = 2 \\ p = \dfrac{1}{2} \\ q = 1 - \dfrac{1}{2} = \dfrac{1}{2} \end{cases}$

Aplicando a teoria binomial, temos; $P(n) = C^6_2 . \left(\dfrac{1}{2}\right)^2 . \left(\dfrac{1}{2}\right)^4 \Rightarrow P(n) = \dfrac{15}{64}$.

78) (Fuvest-SP)

a) Uma urna contém três bolas pretas e cinco bolas brancas. Quantas bolas azuis devem ser colocadas nessa urna de modo que, retirando-se uma bola ao acaso, a probabilidade de ela ser azul seja igual a $\frac{2}{3}$?

b) Considere agora outra urna que contém uma bola preta, quatro bolas brancas e x bolas azuis. Uma bola é retirada ao acaso dessa urna, a sua cor é observada e a bola é devolvida à urna. Em seguida, retira-se novamente, ao acaso, uma bola dessa urna. Para que valores de x a probabilidade de que as duas bolas sejam da mesma cor vale $\frac{1}{2}$?

Solução:

a) o total de bolas é 8, logo a probabilidade de que a bola retirada seja azul será $\frac{x}{x+8} = \frac{2}{3} \Rightarrow x = 16$;

b) o total de bolas é $5 + x$; logo a probabilidade de retirar duas bolas pretas será $\frac{1}{(x+5)^2}$; se forem duas bolas brancas será; $\frac{16}{(x+5)^2}$; se forem as duas azuis será $\frac{x^2}{(x+5)^2}$.

Portanto, teremos: $\frac{1}{(x+5)^2} + \frac{16}{(x+5)^2} + \frac{x^2}{(x+5)^2} = \frac{1}{2} \Rightarrow x^2 - 10x + 9 = 0 \Leftrightarrow x = 9.ou.x = 1$.

79) (PUCCAMP-SP) Em uma cidade existem 3 teatros A, B e C. As porcentagens de comédias que eles exibem são, respectivamente, 45%, 20% e 50%. Se uma pessoa escolhe casualmente um deles para assistir a uma peça, a probabilidade de que ela não assista a uma comédia é:

a) $\dfrac{15}{60}$

b) $\dfrac{40}{60}$

c) $\dfrac{35}{60}$

d) $\dfrac{22}{60}$

e) $\dfrac{37}{60}$

Solução: montemos uma tabela para nos ajudar.

	Comédia	Não-Comédia
A	$\dfrac{45}{100}$	$\dfrac{55}{100}$
B	$\dfrac{20}{100}$	$\dfrac{80}{100}$
C	$\dfrac{50}{100}$	$\dfrac{50}{100}$

Para não comédia temos $P(n) = \underbrace{\dfrac{1}{3} \cdot \dfrac{55}{100}}_{A} + \underbrace{\dfrac{1}{3} \cdot \dfrac{80}{100}}_{B} + \underbrace{\dfrac{1}{3} \cdot \dfrac{50}{100}}_{C} \Rightarrow P(n) = \dfrac{37}{60}$.

80) (PUC-RJ) Qual a probabilidade de se acertar no jogo da Loto marcando 10 números em um cartão numerado de 0 a 99, sabendo que são sorteados cinco números?

a) $\dfrac{10!}{100!} \cdot \dfrac{95!}{5!}$

b) $\dfrac{10!}{100!}$

c) $\dfrac{5!}{100!}$

d) $\dfrac{95!}{100!}$

e) $\dfrac{101!}{100!} \cdot 95$

Solução: como de 0 a 99 há 100 números temos: $\dfrac{10.9.8.7.6.5!5!}{100.99.98.97.96.95!} \cdot \dfrac{95!}{5!} \Rightarrow \dfrac{10!}{100!} \cdot \dfrac{95!}{5!}$.

81) (UFF-RJ) Os cavalos X, Y e Z disputam uma prova ao final da qual não poderá ocorrer empate. Sabe-se que a probabilidade de X vencer é igual ao dobro da probabilidade de Y vencer. Da mesma fora, a probabilidade de Y vencer é igual ao dobro da probabilidade de Z vencer. Calcule a probabilidade de:
a) X vencer;
b) Y vencer;
c) Z vencer.

Solução: do enunciado temos $p(X) = 2p(Y)$ e $p(Y) = 2p(Z)$, então $p(X) = 4p(Z)$. Como a soma de $p(X) + p(Y) + p(Z) = 1$, temos que $4p(Z) + 2p(Z) + p(Z) = 1 \therefore p(Z) = \dfrac{1}{7}$, então teremos como resultados $p(X) = \dfrac{4}{7}$ e $p(Y) = \dfrac{2}{7}$.

82) A probabilidade de chover 5 ou mais vezes ao mês em uma praia de Pernambuco é de 33%. A probabilidade de chover 5 ou menos vezes ao mês, nessa mesma praia, é de 81%. Qual a probabilidade de chover exatamente 5 vezes ao mês?

Solução: do enunciado temos

$$\begin{cases} A \to (chover).5.vezes.ou.mais \Rightarrow P(A) = 0,33 \\ B \to (chover).5.vezes.ou.menos \Rightarrow P(B) = 0,81 \\ A \cup B = \phi \to (pois.choverá.em.um.mês.com.certeza.5.vezess \pm .ou.5.vezes \\ P(A \cup B) = P(\phi) = 1 \end{cases}$$

Então temos $0,33 + 0,81 + P(A \cap B) = 1 \Leftrightarrow P(A \cap B) = 0,14 = 14\%$.

83) (Vunesp-SP) Astrônomos da Universidade Católica fizeram um estudo com cerca de 750 estrelas, sendo 60 delas com planetas e 690 sem planetas (dados aproximados), e constataram que as estrelas com maior índice de ferro (em relação ao índice do sol) têm maior probabilidade de abrigar planetas. A tabela mostra o número de estrelas com planetas (C) e sem planetas (S), relativamente ao índice de ferro, denotado por i.

Índice de Ferro	C	S	Total
$0 < i < 1$	15	360	375
$1 \leq i \leq 2$	30	270	300
$2 \leq i \leq 3$	15	60	75
Total	60	690	750

Utilizando a tabela, mostre que a probabilidade $P(C/\{1 \leq i \leq 3\})$ de uma estrela ter planetas dado que $1 \leq i \leq 3$ é 50% maior que a probabilidade $P(C)$ de uma estrela ter planetas.

Solução: pela tabela temos $P(C) = \dfrac{60}{750} \Rightarrow P(C) = 0,08 = 8\%$, como $1 \leq i \leq 3$ temos 30 + 15 = 45 estrelas com planetas, de um total de 375 estrelas, portanto teremos $P(C/\{1 \leq i \leq 3\}) = \dfrac{45}{375} = 12\%$. Logo $P(C/\{1 \leq i \leq 3\}) > P(C)$.

84) (UF-MG) Em uma mesa estão espalhados 50 pares de cartas. As duas cartas de cada par são iguais e as cartas de pares distintos são diferentes. Suponha que duas dessas cartas são retiradas da mesa ao acaso. Então, é correto afirmar que a probabilidade de essas cartas serem iguais é:

a) $\dfrac{1}{100}$

b) $\dfrac{1}{99}$

c) $\dfrac{1}{50}$

d) $\dfrac{1}{49}$

Solução: para retirarmos a primeira carta temos 100 em possibilidades; já para a segunda carta, teremos em possibilidades, pois a carta deve ser igual à primeira, logo a probabilidade procurada será $P(n) = \dfrac{1}{99}$.

85) (UF de Uberlândia-MG) Uma turma de formandos, composta por 10 homens e 12 mulheres, formará uma comissão de 5 alunos que ficará encarregada de organizar um passeio cultural.

Marque para as alternativas abaixo (V) verdadeira, (F) falsa ou (SO) sem opção.
a) Se a escolha dos membros for aleatória, esta comissão poderá ser formada de 26334 maneiras distintas.
b) A probabilidade de a comissão conter apenas homens é inferior a 1%.
c) A probabilidade de a comissão conter pelo menos uma mulher é superior a 99%.
d) Se pela competência das formandas Bruna e Tânia, a turma decidiu que ambas farão parte da comissão, então será possível ainda formar 969 comissões distintas.

Solução:

a) $C_5^{22} = 26334 \rightarrow (V)$.

b) $P(n) = \dfrac{C_5^{10}}{26334} < 0,01 \rightarrow (V)$.

c) Se uma é menor que 0,01, logo a outra é maior que 99% $\rightarrow (V)$.

d) $C_3^{20} = 1140 \rightarrow (F)$.

86) (UF-Juiz de Fora/MG) Considere um dado honesto cúbico com faces numeradas de 1 a 6. Foram feitos 3 lançamentos e em cada um desses lançamentos obteve-se por resultado a face numerada com 1. Serão feitos 2 novos lançamentos. A probabilidade de se obter duas vezes a face numerada com 1 nesses novos lançamentos é:

a) 1

b) $\dfrac{1}{6}$

c) $\left(\dfrac{1}{6}\right)^2$

d) $\left(\dfrac{1}{6}\right)^3$

e) $\left(\dfrac{1}{6}\right)^5$

Solução: note que para face 1, no segundo lançamento temos $\dfrac{1}{6}$; e para face 1 no terceiro lançamento temos $\dfrac{1}{6}$; logo a probabilidade procurada será $P(n) = \left(\dfrac{1}{6}\right)^2$.

87) (UF-MS) Foram colocadas em 5 caixas não transparentes, cupons com prêmios em dinheiro que variam de R$ 10,00 a R$ 100,00 em valores múltiplos de dez (isto é, R$ 10, R$ 20, R$ 30,... R$ 90, R$ 100). Cinco candidatos foram selecionados para, cada um em uma caixa, sortearem um cupom aleatoriamente. Sabendo-se que todas as caixas contêm os mesmos 10 diferentes prêmios, qual a probabilidade, aproximada, de pelo menos dois candidatos ganharem o mesmo prêmio em reais?
a) 60%
b) 70%
c) 50%
d) 30%
e) 5%

Solução: fazendo como pelo menos 2 ganharem e todos ganharem, temos $P(x) + P(y) = 1$, sendo $P(y) = \dfrac{A_5^{10}}{10^5} = 0,3024$, logo $P(x) = 1 - 0,3024 \Rightarrow P(x) = 0,6976 \cong 70\%$.

88) (UFPA) Alguns alunos estudantes estavam se preparando para realizar o PSS da UFPA e resolveram inventar um jogo de dados a fim de testar seus conhecimentos em teoria das probabilidades. O jogo possuía as seguintes regras:

I) O jogador faz o primeiro lançamento do dado, se sair o número 5 o jogo termina;
II) Se na primeira jogada não sair o número 5, o jogador deve lançar o dado pela segunda e última vez. Se sair um número maior do que 3, o jogador vence. Caso contrário perde. A probabilidade de o jogador vencer o jogo é:

a) $\dfrac{9}{13}$

b) $\dfrac{7}{12}$

c) $\dfrac{3}{5}$

d) $\dfrac{4}{7}$

e) $\dfrac{10}{13}$

Solução:
* 1º lançamento: há $\dfrac{1}{6}$ possibilidades de sair o número 5 e $\dfrac{5}{6}$ de não sair; (P^1).
* 2º lançamento: pode sair os números 4, 5 e 6, logo temos $P_2 = \dfrac{5}{6} \cdot \dfrac{3}{6} \Rightarrow P_2 = \dfrac{5}{12}$.
Portanto, temos $P(n) = P_1 + P_2 \Rightarrow P(n) = \dfrac{1}{6} + \dfrac{5}{12} \Rightarrow P(n) = \dfrac{7}{12}$.

89) Um congresso sobre doenças psicossomáticas reúne 48 psiquiatras, dos quais 18 são mulheres; 72 psicólogos, dos quais 53 são mulheres; e 27 neurologistas, dos quais 10 são mulheres. Um dos participantes foi sorteado para coordenar os trabalhos. Sabendo que a pessoa sorteada é mulher, qual a probabilidade de que ela seja psiquiatra?

Solução: montemos um esquema:

* Psiquiatras $\begin{cases} homens \to 30 \\ mulheres \to 18 \end{cases}$

* Psicólogos $\begin{cases} homens \to 19 \\ mulheres \to 53 \end{cases}$

* Neurologistas $\begin{cases} homens \to 17 \\ mulheres \to 10 \end{cases}$

$P(n) = \dfrac{18}{81} \Rightarrow P(n) = \dfrac{2}{9}$.

90) Um matemático foi confrontado por um problema que se tratava de um animal que possuía 30% de probabilidade para adquirir certa enfermidade no decurso de cada mês. Perguntava-se qual seria a probabilidade de que esse animal viesse a contrair a doença ao final do terceiro mês. Sabendo que o matemático calculou com êxito, determine a resposta do matemático.

Solução: fazendo $\begin{cases} x \to ter.a.doença \\ y \to ñ.ter.a.doença \end{cases}$

$P(yyx) = 0,7.0,7.0,3 \Rightarrow P(yyx) = 0,147 \Rightarrow P(yyx) = 14,7\%$.

91) O professor Sergio Sayão propôs um jogo a dois amigos também professores, Waldek e Rogério. O jogo era o seguinte: duas moedas, sendo uma perfeita e uma com duas caras. O desafio era determinar a probabilidade de lançar uma das moedas, ao acaso obtendo cara como resultado.

Solução: vamos primeiro dar nomes aos nossos dados;
Fazendo como $x \to$ moeda perfeita e $y \to$ moeda com duas caras; e ainda fazendo $c \to cara$ e $k \to coroa$, teremos:
$n(B) = \{(x, k); (x, c); (y, c); (y, c)\} \therefore n(B) = 4$;
$n(A) = \{(x, c); (y, c); (y, c)\} \therefore n(A) = 3$.

Portanto, a probabilidade é $P(n) = \dfrac{3}{4} \Rightarrow P(n) = 75\%$.

92) (UERJ) "Protéticos e dentistas dizem que a procura por dentes postiços não aumentou". Até declinou um pouquinho. No Brasil, segundo a Associação Brasileira de Odontologia (ABO), há 1,4milhões de pessoas sem nenhum dente na boca, e 80% delas já usam dentadura. Assunto encerrado" (Adaptado de *Veja*, outubro/1997)

Considere que a população brasileira seja de 160 milhões de habitantes. Escolhendo ao acaso um desses habitantes, a probabilidade de que ele não possua nenhum dente na boca e use dentadura, de acordo com a ABO, é de:
a) 0,28%.
b) 0,56%.
c) 0,70%.
d) 0,80%.

Solução: 160 *(milhões)* → 1, 4, sendo $\begin{cases} 0,8.1,4 = 1,12 \to usam(dentadura) \\ 0,2.1,4 = 0,28 \to ñ.usam(dentadura) \end{cases}$

A probabilidade procurada será $P(n) = \dfrac{1,12}{160} \Rightarrow P(n) = 0,007 = 0,7\%$.

93) (CEFET-RJ) Em uma gaveta há meias. Retirando-se duas meias ao acaso, a probabilidade de que as meias sejam todas vermelhas é de $\dfrac{5}{14}$. Qual dos números a seguir pode expressar a quantidade de meias na gaveta.
a) 5
b) 6
c) 7
d) 8

Solução: note que a probabilidade proposta no exercício pode ser vista da forma $P(n) = \dfrac{x}{y} \cdot \dfrac{x-1}{y-1}$. Como temos o valor de $\dfrac{5}{14}$, então temos $P(n) = \dfrac{5}{8} \cdot \dfrac{4}{7} \Rightarrow$ logo a quantidade pode ser 8.

94) (Faap-SP) Suponha que você tenha 40% de chance de receber uma oferta de emprego da firma de sua primeira escolha, 40% de chance de receber uma oferta da firma de sua segunda escolha e 16% de chance de receber uma oferta de ambas as firmas. Qual é a probabilidade de receber uma oferta de qualquer uma das firmas.
a) 0,96.
b) 0,80.
c) 0,64.
d) 0,32.
e) 0,16.

Solução: chamando de $x \to$ 1ª firma e $y \to$ 2ª firma, teremos $\begin{cases} P(x) = 0,4 \\ P(y) = 0,4 \\ P(x \cap y) = 0,16 \end{cases}$.

A probabilidade será $P(x \cup y) = 0,4 + 0,4 - 0,16 \therefore P(x \cup y) = 0,64$.

95) OS PESCOÇUDOS – Caco Galhardo.

Uma onda de pessimismo tomou conta desses camelôs, que expõem, cada um, exatamente um produto. As probabilidades de se efetivar uma venda, em um certo dia, são dadas por 3%, 5% e 8%. Admitindo independência nas vendas entre as barracas, calcule:

(Folha de S.Paulo, 3/11/2001.)

a) a probabilidade de, em um único dia, não ocorrer venda alguma;
b) a probabilidade de que pelo menos dois camelôs efetuem suas vendas.

Solução: tomemos por base que 1 representa 100% de ocorrer um evento;
* 1 - 0,03 = 0,97;
* 1 - 0,05 = 0,95;
* 1 - 0,08 = 0,92.

a) a probabilidade procurada será $P(n_1) = 0,97 \cdot 0,95 \cdot 0,92 = 84,78\%$;
b) a probabilidade será:
$P(n_2) = (0,03 \cdot 0,05 \cdot 0,92) + (0,03 \cdot 0,08 \cdot 0,95) + (0,05 \cdot 0,08 \cdot 0,97) + (0,03 \cdot 0,05 \cdot 0,08) \cong 76\%$

96) O volante da Loteria Esportiva contém 13 jogos. Usando somente palpites simples, qual a probabilidade de acertar apenas um jogo?

Solução:
Chamando de x esta possibilidade, teremos que $P(x) = \frac{13}{3} \cdot \left(\frac{2}{3}\right)^{12} \Rightarrow P(x) = \frac{13 \cdot 2^{12}}{3^{13}}$.

97) (UERJ) Um instituto de pesquisas colheu informações para saber as intenções de voto no segundo turno das eleições para governador de um determinado estado. Os dados estão indicados no quadro abaixo:

Intenção de Voto	Percentual
Candidato A	26%
Candidato B	40%
Votos Nulos	14%
Votos brancos	20%

Escolhendo aleatoriamente um dos entrevistados, verificou-se que ele não vota no candidato B.

A probabilidade de que esse eleitor vote em branco é:

a) $\frac{1}{6}$

b) $\frac{1}{5}$

c) $\frac{1}{4}$

d) $\frac{1}{3}$

e) $\frac{2}{5}$

Solução: se pensarmos votando em B, ao tirarmos de 1 (100%) teremos os resultados que queremos; Então $P(\overline{B}) = 1 - 0,40 = 0,60$; agora façamos $P(x \cap \overline{B}) = P(x) \Leftrightarrow x \subset \overline{B} \therefore P(x \cap \overline{B}) = 0,20$;

Daí $P(x/\overline{B}) = \frac{0,20}{0,60} \Rightarrow P(x/\overline{B}) = \frac{1}{3}$.

98) Num jogo de basquete, a probabilidade de um jogador fazer a cesta a certa distância é 0,4.

Determine a probabilidade de que, em 5 tentativas, ele não faça nenhuma cesta.

Solução: a probabilidade procurada será $P(n) = C_0^5 \cdot \left(\frac{2}{5}\right)^2 \cdot \left(\frac{3}{5}\right)^3 \Rightarrow P(n) = \frac{243}{3125} \cong 7,78\%$.

99) (PUC-SP) Dos 50 candidatos que se apresentaram para preencher as vagas de empregos em certa empresa, sabe-se que: 40% são fumantes e 50% têm curso superior. Se 75% dos fumantes não têm curso superior, qual a probabilidade de serem selecionados 2 candidatos que não fumem e não tenham curso superior?

Solução: do texto temos 40% de 50 é 20; 50% de 50 é 25; 75% de 20 é 15.

Montemos então uma tabela;

	fumante	ñ. fumante	Total
Superior	5	20	25
ñ.Superior	15	10	25
Total	20	30	50

Pela tabela temos que a probabilidade procurada será

$P(\tilde{n}.f \cap \tilde{n}.s) = \frac{10}{50} \cdot \frac{9}{45} \Rightarrow P(\tilde{n}.f \cap \tilde{n}.s) = \frac{9}{245}$.

100) Numa cidade há dois provedores para internet, que são: bomnet e supernet. Sabe-se que 60% dessa cidade usam o provedor bomnet, 35% o provedor supernet e 20% nenhum deles. Escolhendo-se um dos moradores da cidade, qual a probabilidade de que ele utilize os dois provedores.

Solução: do texto temos $\begin{cases} P(b) = 0,60 \\ P(s) = 0,35 \\ P(b \cup s) = 1 - 0,20 = 0,80 \end{cases}$

logo, $P(b \cap s) = 0,60 + 0,35 - 0,80 = 15\%$.

101) (Anpad) Em 20% das vezes, Paula chega atrasada ao encontro. Por sua vez, Carlos chega atrasado 25% das vezes. Sabendo que os atrasos de Paula e Carlos são independentes entre si, então a probabilidade de, em um dia qualquer, ocorrerem ambos atrasos é de:
a) 0,045;
b) 0,05;
c) 0,25;
d) 0,45;
e) 0,5.

Solução: como os dois eventos são independentes, temos $P(n) = 0,2 \cdot 0,25 = 0,05$.

102) (MPU) Carlos diariamente almoça um prato de sopa no mesmo restaurante. A sopa é feita de forma aleatória por um dos três cozinheiros que lá trabalham: 40% das vezes a sopa é feita por João; 40% das vezes, por José; e 20% das vezes, por Maria. João salga demais a sopa 10% das vezes, José o faz em 5% das vezes e Maria, 20% das vezes. Como de costume, um dia qualquer Carlos pede a sopa e, ao experimentá-la, verifica que está salgada demais. A probabilidade de que essa sopa tenha sido feita por José é igual a:
a) 0,15;
b) 0,25;
c) 0,30;
d) 0,20;
e) 0,40.

Solução: montemos um esquema:

Fazer as sopa:
* João → 40%;
* João não fazer a sopa → 60%;
* José → 40%;
* José não fazer a sopa → 60%;
* Maria → 20%;
* Maria não fazer a sopa → 80%

Salgar a sopa:
* João → 10%;
* João não salgar → 90%;
* José → 5%;
* José não salgar → 95%;
* Maria → 20%;
* Maria não salgar → 80%.

temos que a probabilidade será:

$$P(n) = \frac{\frac{4}{10} \times \frac{5}{100}}{\left(\frac{40}{100}\right) \times \left(\frac{10}{100}\right) + \left(\frac{40}{100}\right) \times \left(\frac{5}{100}\right) + \left(\frac{20}{100}\right) \times \left(\frac{20}{100}\right)} \Rightarrow P(n) = 20\%$$

103) (TFC) Beraldo espera ansiosamente o convide de um de seus três amigos, Adalton, Cauan e Délius, para participar de um jogo de futebol. A probabilidade de que Adalton convide Beraldo para participar do jogo é de 25%, a de que Cauan o convide é de 40% e de que Délius o faça é de 50%. Sabendo que os convites são feitos de forma totalmente independente ente si, a probabilidade de que Beraldo não seja convidado por nenhum dos três amigos para o jogo de futebol é de:
a) 12,5%;
b) 15,5%;
c) 22,5%;
d) 25,5%;
e) 30%.

Solução: a probabilidade procurada é $P(n) = 0,75.0,60.0,50 \Rightarrow P(n) = 22,5\%$.

104) (Metrô-SP) Em uma cidade em que existem somente dois jornais, A e B, 20% da população leem somente o jornal A, 15% leem o jornal A e o jornal B e 10% não leem nenhum dos jornais. Escolhendo aleatoriamente uma pessoa desta cidade, a probabilidade dela ler um e somente um dos jornais é de:
a) 55%;
b) 60%;
c) 65%;
d) 70%;
e) 75%.

Solução: tomemos por base 100 pessoas, daí temos. $\begin{cases} n(A) = 20 \\ n(A \cap B) = 15 \\ n(B) = 85 \end{cases}$

Note que se $n(B) = 85$, logo o número de leitores que leem somente o jornal B é 70; e somente o jornal A é 5, então a probabilidade procurada será $P(n) = \dfrac{70+5}{100} \Rightarrow P(n) = 75\%$.

105) (Fuvest -SP) Um investidor quer aplicar 120 mil reais. Seu corretor lhe oferece um investimento, em duas fases, com as seguintes regras:

• Na 1ª fase do investimento, ocorrerá um dentre os dois eventos seguintes: com probabilidade p, o investidor ganha metade do que investiu; com probabilidade $(1-p)$, o investidor perde um terço do que investiu.

• Na 2ª fase do investimento, a quantia final da 1ª fase será reinvestida, de forma independente da 1ª fase. Neste novo investimento, ocorrerá um dentre os dois eventos seguintes: com probabilidade $\frac{1}{2}$, o investidor ganha a quarta parte do que foi reinvestido; com probabilidade $\frac{1}{2}$, o investidor perde metade do que foi reinvestido.

a) Se o investidor aplicar seu dinheiro dessa forma, com que valores podem ficar ao término do investimento? Qual é, em função de p, a probabilidade de ficar com cada um desses valores?

b) Uma revista especializada informa que, nesse investimento, a probabilidade de perder dinheiro é 70%. Admitindo como correta a informação da revista, calcule p.

Solução: $120.000 \begin{cases} p \to 120.000 + 60.000 = 180.000 \\ (1-p) \to 120.000 - 40.000 = 80.000 \end{cases}$

Agora temos:

$(p) \to 180.000 \begin{cases} 180.000 + \frac{1}{4}.180.000 = 225.000 \\ 180.000 - \frac{1}{4}.180.000 = 90.000 \end{cases}$

$(1-p) \to 80.000 \begin{cases} 80.000 + \frac{1}{4}.80.000 = 100.000 \\ 80.000 - \frac{1}{4}.80.000 = 40.000 \end{cases}$

a) ganhou dinheiro com 225.000 e 90.000 $\to \frac{p}{2}$.

b) perdeu dinheiro com 100.000 e 40.000 $\to \frac{1-p}{2}$.

106) (MPU) Os registros mostram que a probabilidade de um vendedor fazer uma venda em uma visita a um cliente potencial é de 0,4. Supondo que as decisões de compra dos clientes sejam eventos independentes, então a probabilidade de que o vendedor faça, no mínimo, em três visitas é igual a:
a) 0,624;
b) 0,064;
c) 0,216;
d) 0,568;
e) 0,784.

Solução: montemos um esquema $\begin{cases} vender \to 0,4 \\ n\tilde{a}o.vender \to 0,6 \end{cases}$ podemos pensar como complemento, daí temos; $P(n) = 1 - P(\overline{n})$, note que $\dfrac{6}{10} = \dfrac{3}{5}$; e como são três visitas e uma venda, podemos primeiro calcular não vendendo nada. Portanto, teremos $P(n) = 1 - \left(\dfrac{3}{5}\right)^3 \Rightarrow P(n) = \dfrac{125-27}{125} \therefore P(n) = 0,784$.

107) (TCE-RN) A probabilidade de um gato estar vivo daqui a 5 anos é de $\dfrac{3}{5}$. A probabilidade de um cão estar vivo daqui a 5 anos é de $\dfrac{4}{5}$. Considerando os eventos independentes, a probabilidade de somente o cão estar vivo daqui a 5 anos é de:

a) $\dfrac{2}{25}$;

b) $\dfrac{8}{25}$;

c) $\dfrac{2}{5}$;

d) $\dfrac{3}{25}$;

e) $\dfrac{4}{5}$.

Solução: a probabilidade pedida é $P(n) = \dfrac{4}{5} \cdot \dfrac{2}{5} \Rightarrow P(n) = \dfrac{8}{25}$.

108) (Contador-SC) Ao lançar uma moeda, é sabido que existe 50% de chance para a moeda cair com o lado da coroa para cima. Ao lançar uma moeda três vezes seguida, a chance aproximada de dar coroa seria de:
a) 50%;
b) 25%;
c) 33%;
d) 88%;
e) 75%.

Solução: a probabilidade procurada será $P(n) = 1 - \left(\dfrac{1}{2}\right)^3 \Rightarrow P(n) = \dfrac{7}{8} \Rightarrow P(n) \cong 88\%$.

109) (Fuvest-SP) Seis pessoas, A, B, C, D, E e F, vão atravessar um rio em três barcos. Distribuindo-se ao acaso as pessoas, de modo que fiquem duas em cada barco, a probabilidade de A atravessar junto com B, C junto com D e E junto com F é:

a) $\dfrac{1}{5}$

b) $\dfrac{1}{10}$

c) $\dfrac{1}{15}$

d) $\dfrac{1}{20}$

e) $\dfrac{1}{25}$

Solução: $n(B) = C_2^6 = 15$ e o evento desejado é 1, logo $P(n) = \dfrac{1}{15}$.

110) (Vunesp-SP) Um baralho consiste em 100 cartões numerados de 1 a 100. Retiram-se 2 cartões ao acaso (sem reposição). A probabilidade de que a soma dos dois números dos cartões retirados seja igual a 100 é:

a) $\dfrac{49}{4950}$

b) $\dfrac{50}{4950}$

c) 1%

d) $\dfrac{49}{5000}$

e) $\dfrac{51}{4851}$

Solução: O espaço amostral será

$n(B) = C_2^{100} \Leftrightarrow B = \{(\phi, \delta) \subset \mathbb{N}^2 / 1 \leq \phi, \delta \leq 100 . e . \phi \neq \delta\} \therefore n(B) = C_2^{100} = 4950.$

$n(A) = 49 \Leftrightarrow A = \{(\phi, \delta) \subset B / \phi + \delta = 100\}$, então $P(n) = \dfrac{49}{4950}$.

111) Num recipiente adequado estão 7 bolas indistintas entre si quanto à dimensão e ao peso, sendo, porém, 3 pretas e 4 brancas. Retirando do recipiente aleatoriamente uma bola e repondo-a no mesmo lugar, após anotada a sua cor, e repetindo essa operação mais duas vezes, calcule a probabilidade de que as três bolas retiradas sejam brancas.

Solução: note que para as tentativas temos $\begin{cases} 1^a.tentativa \to \dfrac{4}{7} \\ 2^a.tentativa \to \dfrac{4}{7} \\ 3^a.tentativa \to \dfrac{4}{7} \end{cases}$

portanto $P(n) = \left(\dfrac{4}{7}\right)^3 \Rightarrow P(n) = \dfrac{64}{343} \cong 18,65\%$.

112) Um baralho tem 12 cartas, das quais 4 são ases. Retirando-se 3 cartas ao acaso, qual a probabilidade de haver pelo menos um ás entre as cartas retiradas?

Solução: vamos calcular a probabilidade das cartas não serem ases
$P_x = \frac{8}{12} \cdot \frac{7}{12} \cdot \frac{6}{12} \Rightarrow P_x = \frac{14}{55}$; agora teremos $P(n) = 1 - P_x \Rightarrow P(n) = 1 - \frac{14}{55} \Rightarrow P(n) = \frac{41}{55} \cong 74\%$.

113) Um juiz de futebol meio trapalhão tem no bolso um cartão amarelo, um cartão vermelho e um cartão com uma face amarela e uma face vermelha. Depois de uma jogada violenta, o juiz mostra um cartão, retirado do bolso ao acaso, para um atleta. Se a face que o jogador vê é amarela, qual a probabilidade da face voltada para o juiz se vermelha?

Solução: vamos chamar $x \to vê.vermelha$ e $y \to mostra.amarela$. Agora calculemos: $vê.vermelha.e.mostra.amarela$, que é igual $\frac{1}{3} \cdot \frac{1}{2} = \frac{1}{6}$; logo temos:

$P(x/y) = \frac{\frac{1}{6}}{\frac{1}{2}} \Rightarrow P(x/y) = \frac{1}{3} \cong 33\%$.

114) Um estudante resolve um teste de matemática de múltipla escolha, contendo 10 questões com 5 alternativas para cada questão. Ele sabe 60% do teste. Quando ele sabe uma questão, ele acerta e, quando não sabe, a resposta é escolhida ao acaso. Se ele acerta uma questão, qual a probabilidade de que a mesma tenha sido por acaso?

Solução: já fizemos varias questões com esse tipo de raciocínio; a probabilidade procurada será: $P(n) = \frac{0,4.0,2}{1.0,6 + 2.,04} \Rightarrow P(n) = \frac{2}{17}$.

115) (FGV-SP) Roberto J., administrador recém-formado, envia currículo para duas empresas, A e B, à procura de emprego. A probabilidade de ser aceito pela empresa A é 25% e a de ser aceito pela B é 20%; A probabilidade de ser aceito por ambas é 8%.

a) Qual a probabilidade de ser aceito por ao menos umas das empresas?
b) Qual a probabilidade de ser aceito por exatamente uma empresa?

Solução:
a) $P(n) = 0,25 + 0,20 - 0,08 \therefore P(n) = 37\%$;

b) há duas situações que são somente por A ou por B;
$P(n) = 0,25 - 0,08 + 0,20 - 0,08 \therefore P(n) = 29\%$.

116) Dentro do armário do professor Waldek há três pares de sapatos, sendo de cores diferentes. Retira-se, ao acaso, dois sapatos. Qual a probabilidade de:

a) eles serem do mesmo par?
b) um ser do pé direito e o outro do pé esquerdo?

Solução: o espaço amostral será $n(B) = C_2^6 = 15$;

a) $P(n) = \dfrac{C_2^3}{15} \Rightarrow P(n) = \dfrac{1}{5}$;

b) $P(n) = \dfrac{\left(C_2^3\right)^2}{15} \Rightarrow P(n) = \dfrac{3}{5}$.

117) (UFRJ) Fernando e Cláudio foram pescar num lago onde só existem trutas e carpas. Fernando pescou, no total, o triplo da quantidade pescada por Cláudio. Fernando pescou duas vezes mais trutas do que carpas, enquanto Cláudio pescou quantidades iguais de carpas e trutas. Os peixes foram todos jogados num balaio e uma truta foi escolhida ao acaso desse balaio.

Determine a probabilidade de que esta truta tenha sido pescada por Fernando?

Solução: montemos um esquema;

Fernando (75%) $\begin{cases} truta \to \dfrac{2}{3} \\ carpa \to \dfrac{1}{3} \end{cases}$

Cláudio (25%) $\begin{cases} truta \to \dfrac{1}{2} \\ carpa \to \dfrac{1}{2} \end{cases}$

$P(n) = \dfrac{0{,}75 \cdot \dfrac{2}{3}}{0{,}75 \cdot \dfrac{2}{3} + 0{,}25 \cdot \dfrac{1}{2}} \Rightarrow P(n) = 80\%$

118) Numa classe com 60 alunos, 40 estudam só matemática, 10 estudam só física e 5 estudam as duas disciplinas. Escolhendo um aluno ao acaso, qual a probabilidade de que esse aluno estude matemática e física?

Solução: a probabilidade procurada é

$$P(M/F) = \frac{n(M \cap F)}{n(M)} \Rightarrow P(M/F) = \frac{5}{45} \Rightarrow P(M/F) = \frac{1}{9}.$$

119) Um anagrama da palavra BERMUDA é escolhido ao acaso. Qual a probabilidade de que esse anagrama não possua as letras BE juntas, em nenhuma ordem?

Solução: podemos pensar tendo essas letras juntas e depois subtrair do total.

O espaço amostral é $n(B) = 7! \therefore n(B) = 5040$. Para que tenhamos as letras juntas, em qualquer ordem teremos $P(B_x) = 6!.2! \therefore P(B_x) = 1440$. Portanto, a probabilidade procurada será:

$$P(N) = 1 - P(B_x) \therefore P(n) = 1 - \frac{1440}{5040} \Rightarrow P(n) = \frac{3600}{5040} \Rightarrow P(n) = \frac{5}{7}.$$

120) Um professor de matemática fez um desafio aos alunos de um colégio em que trabalha. Dos anagramas da palavra XADREZ, qual a probabilidade de que se escolha um ao acaso e o mesmo seja começado pelas letras XA. Os alunos responderam com êxito. Determine a resposta dos alunos.

Solução: $n(B) = 6!$ e $n(A) = 4!$ logo temos $P(n) = \frac{24}{720} \Rightarrow P(n) \cong 3,30\%$.

Capítulo 3
Questões de Concurso pelo Brasil

Análise combinatória.

1) (IBGE) Pretendemos usar apenas os algarismos; 0, 1, 2, e 3 para formar números de três algarismos distintos, como 230, por exemplo. Neste caso, podemos formar a seguinte quantidade de números maiores que 201:
a) 11;
b) 15;
c) 24;
d) 36;
e) 48.

Solução: Vamos pensar nos números começando por 2, ou seja, 203, 210, 213, 230, 231. Há, portanto, 5 possibilidades.

Agora, vamos pensar começando pelo 3. Daí temos: 301, 302, 310, 312, 320, 321. Logo, há 6 possibilidades, o que contabiliza, no total, 11 possibilidades.

2) (TCE) Em um grupo de dança, participam dez meninos e dez meninas. O número de diferentes grupos de cinco crianças que podem ser formados de modo que em cada um dos grupos participem três meninos e duas meninas é dado por:
a) 5.400;
b) 6.200;
c) 6.800;
d) 7.200;
e) 7.800.

Solução: $C_3^{10} \times C_2^{10} = 5.400$.

3) (AFC) Em uma cidade, os números dos telefones têm 7 algarismos e não podem começar por 0. Os três primeiros números constituem o prefixo. Sabendo-se que, em todas as farmácias, os quatro dígitos são zero e o prefixo não tem dígitos repetidos, então o número de telefones que podem ser instalados nas farmácias é igual a:
a) 540;
b) 720;
c) 684;
d) 648;
e) 842.

Solução: O nosso sistema de numeração é composto dos algarismos: 0, 1, 2... 9, ou seja 10 algarismos. Como o primeiro número não pode ser 0, há 9 possibilidades para o primeiro número, 9 possibilidades para o segundo número e 8 possibilidades para o terceiro número. Portanto, há 9.9.8 possibilidades, ou seja, 648.

4) (INSS) Para ter acesso a um arquivo, um operador de computador precisa digitar uma sequência de 5 símbolos distintos, formada de duas letras e três algarismos. Ele se lembra dos símbolos, mas não da sequência em que aparecem. O maior número de tentativas diferentes que o operador pode fazer para acessar o arquivo é:
a) 115;
b) 120;
c) 150;
d) 200;
e) 249.

Solução: 5.4.3.2.1, logo, 120 maneiras.

5) (TFC) Em uma circunferência, são escolhidos 12 pontos distintos. Ligam-se quatro quaisquer desses pontos de modo a formar um quadrilátero. O número total de diferentes quadriláteros que podem ser formados é:
a) 128;
b) 495;
c) 545;
d) 1.485;
e) 11.880.

Solução: $C_4^{12} = 495$.

6) (AFTN) Uma empresa possui 20 funcionários, dos quais 10 são homens e 10 são mulheres. Desse modo, o número de comissões de cinco pessoas que podem formar com 3 homens e 2 mulheres é:
a) 5.400;
b) 165;
c) 1.650;
d) 5.830;
e) 5.600.

Solução: total de funcionários: 10 homens e 10 mulheres. Logo, temos: $C_3^{10} \times C_2^{10} = 5.400$.

7) (FT) Três rapazes e duas moças vão ao cinema e desejam sentar-se, os cinco, lado a lado, na mesma fila. O número de maneiras pelas quais eles podem distribuir-se nos assentos, de modo que as duas moças fiquem juntas, uma ao lado da outra, é igual a:
a) 2;
b) 4;
c) 24;
d) 24;
e) 120.

Solução: fazendo os rapazes de A, B e C e as moças de D e E, teremos 2!×4!. Logo, 48.

8) (TCU) A senha para um programa de computador consiste em uma sequência LLNNN, onde "L" representa uma letra qualquer do alfabeto normal de 26 letras e "N" é um algarismo de 0 a 9. Tanto letras como algarismos podem ou não ser repetidos, mas é essencial que as letras sejam introduzidas antes dos algarismos. Sabendo que o programa não faz distinção entre letras maiúsculas e minúsculas, o número total de diferentes senhas possíveis é dado por:
a) $2^{26}.3^{10}$;
b) $26^2.10^3$;
c) $2^{26}.2^{10}$;
d) $26!.10!$;
e) $C_{26,2} \cdot C_{10,3}$.

Solução: L→ qualquer letra e N→ algarismos de 0 a 9, logo temos $26^2 \times 10^3$.

9) (Vunesp-SP) Há 4 caminhos para se ir de X a Y, e 6 caminhos para se ir de Y a Z. O número de caminhos de X a Z que passam por Y é:
a) 10;
b) 12;
c) 18;
d) 24;
e) 32.

Solução: caminhos de $x \to y = 4$ e caminhos de $y \to z = 6$, logo temos 24 possibilidades.

10) (AFTN-CE) Marcam-se 5 pontos sobre uma reta r e 8 pontos sobre uma reta r' paralela a r. O número n de triângulos com vértices em três desses 13 pontos é dado por:
a) $n = 230$;
b) $n = 220$;
c) $n = 320$;
d) $n = 210$.

Solução: $C_3^{13} - C_3^8 - C_3^5 = 220$.

11) (MPOG) O número de maneiras diferentes em que 3 rapazes e 2 moças podem sentar-se em uma mesma fila, de modo que somente as moças fiquem todas juntas, é igual a:
a) 6;
b) 12;
c) 24;
d) 36;
e) 48.

Solução: __, __, __, __, M,M $\to$ logo temos 4!, ou seja, 24
      R R R R

12) (MPU) Quatro casais compram ingressos para oito lugares contíguos em uma mesma fila no teatro. O número de diferentes maneiras em que podem sentar-se de modo que:

* homens e mulheres sentem-se em lugares alternados; e que
* todos os homens sentem-se juntos e que todas as mulheres sentem-se juntas, são, respectivamente:
a) 1.112 e 1.1152;
b) 1.152 e 1.100;
c) 1.152 e 1.152;
d) 384 e 1.112;
e) 112 e 384.

Solução: total de pessoas 8, logo teremos (4.4.3.3.2.2.1.1).2, ou seja, 1.152 e $(24)^2.2$, que também é 1.152.

13) (AFR-MG) Sete modelos, entre elas Ana, Beatriz, Carla e Denise, vão participar de um desfile de modas. A promotora do desfile determinou que as modelos não desfilarão sozinhas, mas sempre em filas formadas por exatamente quatro das modelos. Além disso, a última de cada fila só poderá ser ou Ana ou Beatriz ou Carla ou Denise. Finalmente, Denise não poderá ser a primeira da fila. Assim, o número de diferentes filas que podem ser formadas é igual a:
a) 420;
b) 480;
c) 360;
d) 240;
e) 60.

Solução: Modelos A, B, C, D, daí vêm: $\begin{cases} 5.5.4.A \\ 5.5.4.B \\ 5.5.4.C \\ 5.5.4.D \end{cases}$

Logo há 4.(100) possibilidades, ou seja, 400;

Agora as comissões em que D não será a primeira, logo $C_3^6 = 20$, portanto 420.

14) (Gestor Fazendário) Marcela e Mário fazem parte de uma turma de quinze formandos, onde dez são rapazes e cinco são moças. A turma reúne-se para formar uma comissão e formatura de seis formandos, três rapazes e três moças. O número de diferentes comissões que podem ser formadas, de modo que Marcela participe e Mário não participe é igual a:
a) 504;
b) 252;
c) 284;
d) 90;
e) 84.

Solução: $C_3^9 \times C_2^4 = 504$.

15) (MRE) Chico, Caio e Caco vão ao teatro com suas amigas Biba e Beti, e desejam sentar-se os cinco, lado a lado, na mesma fila. O número de maneiras pelas quais eles podem distribuir-se nos assentos, de modo que Chico e Beti fiquem juntos, um ao lado do outro, é igual a:
a) 16;
b) 24;
c) 32;
d) 46;
e) 48.

Solução: $2! \times 4!$, ou seja, 48

16) (AFC) Um grupo de dança folclórica, formado por sete meninos e quatro meninas, foi convidado a realizar apresentações de dança no exterior. Contudo, o grupo dispõe de recursos para custear as passagens de apenas seis dessas crianças. Sabendo-se que, nas apresentações do programa de danças, devem participar pelo menos duas meninas, o número de diferentes maneiras que a seis crianças podem ser escolhidas é igual a:
a) 286;
b) 756;
c) 468;
d) 371;
e) 752.

Solução: $C_4^7 \times C_2^4 + C_3^7 \times C_3^4 + C_2^7 \times C_4^4 = 371$

17) (AFC) Na mega-sena, são sorteada seis dezenas de um conjunto de 60 possíveis (as dezenas sorteáveis são; 01, 02, ..., 60). Uma aposta simples (ou aposta mínima), na mega-sena, consiste em escolher 6 dezenas. Pedro sonhou que as seis dezenas que serão sorteadas no próximo concurso da mega-sena estarão entre as seguintes: 01, 02, 05, 10, 18, 32, 35, 45. O número mínimo de apostas simples para o próximo concurso da mega-sena que Pedro deve fazer para ter certeza matemática de que será um dos ganhadores, caso esteja correto é:
a) 8;
b) 28;
c) 40;
d) 60;
e) 84.

Solução: $C_6^8 = x \rightarrow x = 28$.

18) (MPU) Paulo possui três quadros de Gotuzo e três de Potinari e quer expô-los em uma mesma parede, lado a lado. Todos os seis quadros são assinados e datados. Para Paulo, os quadros podem ser dispostos em qualquer ordem, desde que os de Gotuzo apareçam ordenados entre si em ordem cronológica, da esquerda para a direita. O número de diferentes maneiras que os seis quadros podem ser expostos é igual a:
a) 20;
b) 30;
c) 24;
d) 120;
e) 360.

Solução: Como a ordem não é importante, temos 5! Que é 120.

19) (AFC) Se X tem 45 subconjuntos de 2 elementos, então o número de elementos de X é igual a:
a) 10;
b) 20;
c) 35;
d) 40;
e) 90.

Solução: $C_2^x = 45 \to x = 10$.

20) (MPOG) Um grupo de estudantes encontra-se reunido em uma sala para escolher, aleatoriamente, por sorteio, quem entre eles irá ao simpósio de matemática do próximo ano. O grupo é composto de 15 rapazes e de um certo número de moças. Os rapazes cumprimentam-se, todos e apenas uma vez; as moças cumprimentam-se, todas e entre si, uma única vez. Há um total de 150 cumprimentos. O número de moças é, portanto, igual a:
a) 10;
b) 14;
c) 20;
d) 25;
e) 45.

Solução: Como são 15 rapazes, há cumprimentos do tipo 1514 e, entre as moças há cumprimentos do tipo

21) (UFRJ-Adm) Certa competição de esportes envolve atletas de três faixas etárias. A faixa A compreende atletas de 11 a 20 anos; a B, de 21 a 30 anos; e a C, de 31 a 40 anos. Uma equipe é formada com um atleta da faixa A, dois da faixa B e um da faixa C. O número de modos possíveis para se formar uma equipe é:
a) 480;
b) 1.320;
c) 2.640;
d) 5.280;
e) 10.560.

Solução: $C_1^5 \times C_2^{12} \times C_1^8 = 2.640$

22) (Docas-RJ) Num avião, há uma fila de 7 poltronas, separadas por dois corredores, como mostra figura a seguir:

☐☐ corredor ☐☐☐ corredor ☐☐

De quantos modos Alberto e Fernanda podem se sentar nesta fila sem que haja uma poltrona ou um corredor entre eles?
a) 4;
b) 5;
c) 6;
d) 8;
e) 12.

Solução: $2.2.2 = 8$

23) (Adm-quatis) Num vôo da ponte aérea Rio-São Paulo, há apenas 7 lugares disponíveis e um grupo de 10 pessoas pretende embarcar nesta vôo. De quantas maneiras é possível lotar o vôo?
a) 100;
b) 132;
c) 89;
d) 120;
e) 90.

Solução: $C_7^{10} = 120$.

24) (Adm-quatis) Mesmo tendo determinado o racionamento de energia elétrica, o consumo consciente pode nos render muita economia. Ajude o administrador de um salão a racionar o consumo. Sabe-se que o salão tem 6 lâmpadas, todas com interruptores independentes, e que ele quer manter sempre, pelo menos, uma das lâmpadas acesas. Descubra de quantas maneiras ele poderá iluminar o salão.
a) 61;
b) 63;
c) 65;
d) 67;
e) 69.

Solução: $C_1^6 + C_2^6 + C_3^6 + C_4^6 + C_5^6 + C_6^6 = 63$.

25) (Aneel) Dez amigos, entre eles Mário e José, devem formar uma fila para comprar as entradas para um jogo de futebol. O número de diferentes formas que esta fila de amigos pode ser formada, de modo que Mário e José fiquem sempre juntos, é igual a:
a) 2! 8!
b) 0! 18!
c) 2! 9!
d)1! 9!
e)1! 8!

Solução: 2!.9!

26) (Aneel) Quer-se formar um grupo de danças com seis bailarinas, de modo que três delas tenham menos de 18 anos, que uma delas tenha exatamente 18 anos e que as demais tenham idade superior a 18 anos. Apresentaram-se, para a seleção, doze candidatas, com idades de 11 a 22 anos, sendo a idade, em anos, de cada candidata diferente das demais. O número de diferentes grupos de dança que podem ser selecionados a partir deste conjunto de candidatas é igual a:
a) 85;
b) 220;
c) 210;
d) 120;
e) 150.

Solução: $C_3^7 \times C_2^4 = 210$.

27) (Contador) Seis pessoas, entre elas Pedro, estão reunidas para escolher, entre si, a diretoria de um clube. Esta é formada por um presidente, um vice-presidente, um secretário e um tesoureiro. O número de maneiras para a composição da diretoria, onde Pedro não é o presidente, será:
a) 120;
b) 360;
c) 60;
d) 150;
e) 300.

Solução: 5.5.4.3, ou seja, 300.

28) (IBGE) Há seis modos distintos de guardar dois cadernos iguais em três gavetas:
1- guardar os dois na primeira gaveta;
2- guardar os dois na segunda gaveta;
3- guardar os dois na terceira gaveta;
4- guardar um na primeira e o outro, na segunda;
5- guardar um na primeira e o outro, na terceira;
6- guardar um na segunda gaveta e o outro, na terceira.

O número de modos distintos de guardar três cadernos iguais em três gavetas é igual a:
a) 10;
b) 12;
c) 15;
d) 21;
e) 30.

Solução: Para cada gaveta há 3 possibilidades, logo há 3 + 3 + 3 = 9 possibilidades.

29) (MPOG) Pedro e Paulo estão em uma sala que possui 10 cadeiras dispostas em uma fila. O número de diferentes formas pelas quais Pedro e Paulo podem escolher seus lugares para sentar, de modo que fique ao menos uma cadeira vazia entre eles, é igual a:
a) 80;
b) 72;
c) 90;
d) 18;
e) 56.

Solução: $A_2^{10} - 2! = 72$.

30) (CVM) Os produtos de uma empresa são armazenados no computador com um código de 4 letras maiúsculas seguidas de 5 algarismos. Esse sistema será modificado para permitir letras maiúsculas e minúsculas. Após essa modificação, o número atual de códigos será multiplicado por:
a) 2;
b) 4;
c) 8;
d) 16;
e) 20.

Solução: Note que há 4 possibilidades para letras maiúsculas e 4 para letra minúscula. Portanto, há no total 16 possibilidades.

31) (ANA) O número de duplas que podem ser formadas a partir de 6 jogadores de tênis é:
a) 12;
b) 15;
c) 27;
d) 30;
e) 36.

Solução: $C_2^6 = 15$

32) (Bacen) Os clientes de um banco contam com um cartão magnético e uma senha pessoal de quatro algarismos distintos entre 1.000 e 9.999. A quantidade dessas senhas, em que a diferença entre o primeiro algarismo e o último algarismo é 3, é igual a:
a) 936;
b) 896;
c) 784;
d) 768;
e) 728.

Solução: Diferença 3 há 7 possibilidades: (9/6); (8/5); (7/4); (6/3); (5/2); (4/1); (3/0), entretanto na volta na há a possibilidade (0/3), daí temos um total de 13 possibilidades. O meio há 8.7 possibilidades logo teremos $13 \times 56 = 728$.

33) (Incra) A partir de um grupo de 10 pessoas, deseja-se formar duas equipes de 5 para disputar uma partida de vôlei de praia. De quantas formas distintas podem-se formar as equipes?
a) 50;
b) 126;
c) 252;
d) 15.120;
e) 30.240.

Solução: $\dfrac{C_5^{10}}{2!} = 126$

122 | Análise Combinatória e Probabilidade para Concursos

34) (Incra) Uma placa de automóvel é composta de três letras e quatro algarismos, nesta ordem. O número de placas que podem ser formadas com as letras K, Q ou L e cujos dois últimos algarismos são 2 e 6, nesta ordem, é:
a) 540;
b) 600;
c) 2.430;
d) 2.700;
e) 3.000.

Solução: 27.100 = 2700

35) (Sefaz) A quantidade de números ímpares entre 100 e 999, com todos os algarismos distintos é:
a) 320;
b) 360;
c) 405;
d) 450;
e) 500.

Solução: 8.8.5 = 320

36) (Petrobras) João lançou dois dados perfeitos e, sem que seu irmão visse o resultado, pediu-lhe que tentassem adivinhar a diferença entre o maior e o menor dos números obtidos. O irmão de João terá mais chance se disser que essa diferença é igual a:
a) 1;
b) 2;
c) 3;
d) 4;
e) 5.

Solução: A

37) (Aneel) Um grupo de amigos formado por três meninos – entre eles Caio e Beto – e seis meninas – entre elas Ana e Beatriz –, compram ingressos para nove lugares localizados lado a lado, em uma mesma fila no cinema. Ana e beatriz precisam sentar-se juntas porque querem compartilhar do mesmo pacote de pipocas. Caio e Beto, por sua vez, precisam sentar-se juntos porque querem compartilhar do mesmo pacote de salgadinhos. Além disso, todas as meninas querem sentar-se juntas, e todos os meninos querem sentar-se juntos. Com essas informações, o número de diferentes maneiras em que esses amigos podem sentar-se juntos é igual a:
a) 1.920;
b) 1.152;
c) 960;
d) 540;
e) 860.

Solução: $2! \times 2! (2! \times 5!) \times 2 = 1920$

38) (Petrobrás) Uma pessoa joga seis partidas, vencendo três e perdendo três. Em quantas ordens diferentes podem ocorrer suas vitórias e derrotas?
a) 18;
b) 20;
c) 36;
d) 48;
e) 120.

Solução: $A_3^6 = 20$

39) (TC) Qual é o total de números ímpares de cinco algarismos, menores que 66.380, que podem ser formados com os dígitos 2, 3, 6, 7 e 9 ?
a) 927;
b) 915;
c) 943;
d) 975;
e) 951.

Solução:
1ª análise:
2.5.5.5.3 = 750; 2ª análise: 5.5.3 = 75; 3ª análise é igual a 2ª, logo 75;

2ª análise:
I. 6-6-2-5.3=15;
II. note que há mais 4H3 possibilidades, daí 750 + 150 + 12 = 927

40) (Finep) Precisam-se criar bandeiras para times de uma competição em uma escola. As bandeiras terão a forma indicada na figura abaixo, com três faixas verticais adjacentes coloridas. Estarão disponíveis 5 cores distintas para se pintarem as faixas. Em uma bandeira poderá ser usada a mesma cor em duas faixas distintas, contando que elas não sejam adjacentes.

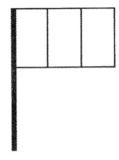

O número de bandeiras distintas que podem ser criadas é:
a) 60;
b) 80;
c) 100;
d) 120;
e) 125.

Solução: 5.4.4, ou seja, 80 possibilidades.

41) (ATE) Quantas filas podemos formar com 5 pessoas, entre as quais João, de modo que ele não ocupe nem o primeiro nem o último lugar da fila?
a) 36;
b) 48;
c) 54;
d) 60;
e) 72.

Solução: total 120 e 4! Onde João é o 1º lugar, logo temos 72.

42) (Seduc-PE) O comitê de turismo de uma certa cidade cadastrou os oito pontos turísticos que são mais visitados pelos turistas. Um certo hotel dessa cidade oferece de brinde a cada hóspede a possibilidade de escolher três dos oito pontos turísticos para visita, gratuitamente, em um pacote de fim de semana. O número de modos diferentes com que um hóspede pode escolher, aleatoriamente, três destes locais, independentemente da ordem escolhida, é:
a) 8;
b) 24;
c) 56;
d) 112;
e) 336.

Solução: $C_3^8 = 56$

43) (TRT-SC) Em um edifício residencial, os moradores foram convocados para uma reunião, com a finalidade de escolher um síndico e quatro membros do conselho fiscal, sendo proibida a acumulação de cargos. A escolha deverá ser feita entre dez moradores. De quantas maneiras diferentes será possível fazer estas escolhas?
a) 64;
b) 126;
c) 252;
d) 640;
e) 1.260.

Solução: $C_1^{10} \times C_4^9 = 1260$.

44) (Prominp) Esta prova de matemática II é formada por 15 questões de múltipla escolha, com cinco alternativas por questão. De quantos modos diferentes um candidato pode responder às questões desta prova?
a) 20;
b) 75;
c) $C_{15,5}$;
d) 15^5;
e) 5^{15}.

Solução: E

45) (FT) Quer-se formar um grupo de dança com 9 bailarinas, de modo que 5 delas tenham menos de 23 anos, que uma delas tenha exatamente 23 anos e que as demais tenham mais de 23 anos. Apresentaram-se, para a seleção, quinze candidatas, com idades de 15 a 19 anos, sendo a idade em anos, de cada candidata, diferente das demais. O número de diferentes grupos de dança que podem ser formados a partir deste conjunto de candidatas é igual a:
a) 120;
b) 1.220;
c) 870;
d) 760;
e) 1.120.

Solução: $C_5^8 \times C_3^6 = 1120$.

46) (Eletronorte) Tenho em minha estante espaço suficiente para colocar os quatro livros que preciso guardar. Um dos livros tem capa verde, outro tem capa azul, outro tem capa marrom e o último é preto. Uma maneira de arrumar os quatro livros no espaço vago da estante é, por exemplo, pôr o verde à esquerda, o azul a seu lado, o marrom ao lado do azul e o preto ao lado do marrom. O número de maneiras diferentes de arrumar os quatro livros no espaço é:
a) 12;
b) 16;
c) 20;
d) 24;
e) 30.

Solução: 4!

47) (Eletronorte) Em uma certa localidade, os números de telefone que começam por 0 ou 1 são de serviço, e os que começam por 8 ou 9 são móveis (celulares). Todos os números de telefone da localidade, na qual existem 850 mil telefones residenciais fixos, têm a mesma quantidade de algarismos. O número mínimo de algarismos que cada telefone deve ter nessa localidade é:
a) 10;
b) 9;
c) 8;
d) 7;
e) 6.

Solução: Note que se tomarmos por exemplo os algarismos 0 e 9, teremos 8 algarismos disponíveis, logo temos o total menos um, ou seja, 7 é o mínimo.

48) (TCE-PB) Sinésio pretendia ligar para um amigo, mas esqueceu os dois últimos dígitos do número do telefone desse amigo. Lembrava-se apenas dos números iniciais 5613-49??. Como ele sabia que não tinha algarismos repetidos, quantas possibilidades existem para o número de tal telefone?
a) 6;
b) 9;
c) 12;
d) 14;
e) 18.

Solução: 4.3=12.

49) (TRF) Pretende-se formar uma equipe de 5 analistas judiciários para que seja feita a avaliação de exames médicos laboratoriais. Se os membros da equipe devem ser escolhidos aleatoriamente entre 4 médicos e 6 médicas, o número de equipes distintas que podem ser compostas, contendo exatamente 2 médicos, é:
a) 1.440;
b) 720;
c) 480;
d) 360;
e) 120.

Solução: $C_2^4 \times C_3^6 = 120$.

50) (Decea) Uma empresa tem um quadro de funcionários formado por 3 supervisores e 10 técnicos. Todo dia, é escalada para o trabalho uma equipe com 1 supervisor e 4 técnicos. Quantas equipes podem ser escaladas?
a) 15.120;
b) 3.780;
c) 840;
d) 630;
e) 510.

Solução: $C_1^3 \times C_4^{10} = 630$.

51) (TCE) Uma escola oferece cursos para a aprendizagem de apenas cinco idiomas. Sabendo que cada professor dessa escola ministra aulas de exatamente dois idiomas e que, para cada dois idiomas, há um único professor que ministra aulas desses idiomas, é correto afirmar que o número de professores dessa escola é:
a) 5;
b) 7;
c) 10;
d) 14;
e) 20.

Solução: $C_2^5 = 10$ professores

52) (TCE) Teófilo foi a um caixa eletrônico retirar algum dinheiro e, no instante em que foi digitar a sua senha, não conseguiu lembrar do todos os quatro algarismos que a compunham. Ocorreu-lhe, então, que sua senha não tinha algarismos repetidos, era um número par e o algarismo inicial era 8. Quantas senhas poderiam ser obtidas a partir do que Teófilo lembrou?
a) 224;
b) 210;
c) 168;
d) 144;
e) 96.

Solução: vamos pensar da seguinte forma: A, B, C e D são os números da senha onde o algarismo 8 já foi escolhido, portanto temos: 8.8.7.4 = 224.

53) (DER) Em um grupo de 20 pessoas, duas serão escolhidas para formar a comissão de eventos: uma para presidir e outra para secretariar a comissão. O número de maneiras diferentes que a comissão pode ser formada é:
a) 40;
b) 80;
c) 190;
d) 380;
e) 400.

Solução: 20.19, ou seja, 380.

54) (Eletronorte) Uma "capicua" é um número que lido de trás para diante é igual ao número original. Por exemplo. 1881 é uma "capicua", 134 não é "capicua". Usando apenas os algarismos 1, 2 e 3, além de 11111, 22222 e 33333, há a seguinte quantidade de números de cinco algarismos que são "capicuas":
a) 6;
b) 12;
c) 16;
d) 20;
e) 24.

Solução: $3.2^3 = 24$.

55) (Eletronorte) Há três estradas unindo a vila A à vila B e há duas estradas unindo a vila B à vila C. Há ainda uma estrada unindo a vila A à C diretamente. O número de modos diferentes de ir da vila A até a vila C por estrada, sem retornos, é igual a:
a) 3;
b) 4;
c) 5;
d) 6;
e) 7.

Solução: note que há 6 possibilidades de ir de A para C e 1 possibilidade de ir de A direto a C, logo temos 7 possibilidades no total.

56) (FNDE) Pensou-se em designar, para cada candidato de um concurso, uma senha formada por dois grupos de quatro letras cada um, sendo que cada grupo é formado pelas quatro letras: F, N, D e E em alguma ordem. Por exemplo, uma dessas senhas é NEFD-EDNF.

Então, o maior número de senhas diferentes possíveis é:
a) 48;
b) 96;
c) 576;
d) 256;
e) 384.

Solução: $24 \times 24 = 576$

57) (Petrobrás) Para se cadastrar em um determinado site, é necessário criar uma senha de seis dígitos. Pedro vai utilizar os algarismos da data de nascimento de seu filho, 13/5/1997. Se Pedro resolver fazer uma senha com algarismos distintos e iniciada por um algarismo ímpar, serão *n* possibilidades. Pode-se concluir que é igual a:
a) 600;
b) 720;
c) 1.440;
d) 2.880;
e) 6.720.

Solução: 5.5!

58) (Petrobras) Em uma fábrica de bijuterias são produzidos colares enfeitados com cinco contas de mesmo tamanho dispostas lado a lado, como mostra a figura.

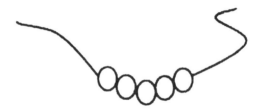

As contas estão disponíveis em 8 cores diferentes. De quantos modos distintos é possível escolher as cinco contas para compor um colar, se a primeira e a última contas devem ser da mesma cor, a segunda e a penúltima contas devem ser da mesma cor e as duas contas consecutivas devem ser de cores diferentes?
a) 336;
b) 392;
c) 448;
d) 556;
e) 612.

Solução: $C_5^8 \times C_1^7 = 392$.

59) (TRT) Astolfo pretendia telefonar para um amigo, mas não conseguia se lembrar por inteiro do número de seu telefone; lembrava-se apenas do prefixo (constituído pelos quatro algarismos da esquerda) e de que os outros números quatro algarismos formavam um número divisível por 15. Ligou par sua namorada que lhe deu a seguinte informação: "lembro-me apenas de dois dos algarismos do número que você quer: o das dezenas, que é 3, e o das centenas, que é o 4". Com base no que ele já sabia e na informação dada pela namorada, o total de possibilidades para descobrir o número do telefone de seu amigo é:
a) 5;
b) 6;
c) 7;
d) 8;
e) 9.

Solução: note que há 3 possibilidades terminando por zero e 4 possibilidades terminando por 5, logo há um total de 7 possibilidades.

60) (AFC) Ana possui em seu closet 90 pares de sapatos, todos devidamente acondicionados em caixas numeradas de 1 a 90. Beatriz pede emprestado à Ana quatro pares de sapatos. Atendendo ao pedido da amiga, Ana retira do closet quatro caixas de sapatos. O número de retiradas possíveis que Ana pode realizar de modo que a terceira caixa retirada seja a de número 20 é igual a:
a) 681.384;
b) 382.426;
c) 43.262;
d) 74.88;
e) 2.120.

Solução: $89.88.87 = 681.384$

61) (CEF) Em uma urna há 5 bolas verdes, numeradas de 1 a 5, e 6 bolas brancas, numeradas de 1 a 6. Dessa urna retiram-se sucessivamente e sem reposição, duas bolas. Quantas são as extrações nas quais a primeira bola sacada é verde e a segunda contém um número par?
a) 15;
b) 20;
c) 23;
d) 25;
e) 27.

Solução: para a 1ª bola há 5 possibilidades e para a 2ª há 4 possibilidades, pois esta pode ser verde; logo 20; como a 2ª também pode ser branca temos mais 3 possibilidades. Portanto, há um total de 23 possibilidades.

62) (TFC) Ana precisa fazer uma prova de matemática composta de 15 questões. Contudo, para ser aprovada, Ana só precisa resolver 10 questões das 15 propostas. Assim, de quantas maneiras diferentes Ana pode escolher as questões?
a) 3.003;
b) 2.980;
c) 2.800;
d) 3.006;
e) 3.005.

Solução: $C_{10}^{15} = 3003$.

63) (TFC) Ágata é decoradora e precisa atender o pedido de um excêntrico cliente. Ele - o cliente – exige que uma das paredes do quarto de sua filha seja dividida em uma sequência de 15 listras horizontais pintadas de cores diferentes, ou seja, uma de cada cor. Sabendo que Ágata possui apenas 8 cores disponíveis, então o número de diferentes maneiras que a parede pode ser pintada é igual a:
a) 56;
b) 5760;
c) 6720;
d) 3600;
e) 4320.

Solução: $A_5^8 = 6.720$.

64) (CVM) Em uma academia de judô existem 12 faixas-pretas na categoria meio-médios, 9 na categoria meio-pesados e 6 na categoria pesados. O professor gostaria de inscrever a academia em um campeonato por equipes no qual cada equipe é formada por três lutadores de cada categoria. O número de equipes que pode ser formado é:
a) 648;
b) 1.296;
c) 53.856;
d) 369.600;
e) 2.217.600.

Solução: $C_8^{12} \times C_3^9 \times C_3^6 = 369.600$.

65) (MDA) A quantidade de formas distintas de um aluno responder a uma prova de múltipla escolha, de 20 questões com 5 opções cada uma, sendo apenas uma resposta certa, e que geram ao aluno uma nota zero, é:
a) 5^{20};
b) 4^{20};
c) 1;
d) 20;
e) 20^4.

Solução: B

66) (BR) Um grupo é formado por 7 mulheres, dentre as quais está Maria, e 5 homens, dentre os quais está João. Deseja-se escolher 5 pessoas desse grupo, sendo 3 mulheres e 2 homens. De quantas maneiras essa escolha pode ser feita, de modo que Maria seja escolhida e João não?
a) 60;
b) 90;
c) 126;
d) 150;
e) 210.

Solução: $C_2^6 \times C_2^4 = 90$.

67) (ALMG) Uma palavra tem n letras diferentes. Permutando-se as letras dessa palavra, obtêm-se 39.916.800 anagramas (siglas). Se fixarmos a primeira e a última letra dessa palavra e permutando as outras, o número de anagramas é 110 vezes menor. Nesse caso, o número de letras dessa palavra é:
a) $n \le 8$;
b) $8 < n \le 10$;
c) $10 < n \le 12$;
d) n > 12.

Solução: tomemos por base 10! Que é igual a 3.628.800; se n for 10, mas $\dfrac{n!}{110} = 362.880$. Logo temos que $10 < n \le 12$.

Probabilidade

1) (CEF) A tabela abaixo apresenta dados parciais sobre a folha de pagamento de um banco.

Faixa salarial, em reais.	Número de empregados.
300 – 500.	52.
500 – 700.	30.
700 – 900.	25.
900 – 1.100.	20.
1.100 – 1.300.	16.
1.300 – 1.500.	13.
Total.	156.

Um desses empregados foi sorteado para receber um prêmio. A probabilidade de esse empregado ter seu salário na faixa de R$ 300,00 a R$ 500,00 é de:

a) $\dfrac{7}{10}$;

b) $\dfrac{3}{5}$;

c) $\dfrac{1}{2}$;

d) $\dfrac{2}{5}$;

e) $\dfrac{1}{3}$.

Solução: $P(n) = \dfrac{52}{156} \Rightarrow P(n) = \dfrac{1}{3}$.

2) (Auditor) U número é sorteado ao acaso entre os inteiros 1, 2..., 300. Se o número sorteado for um múltiplo de 3, então a probabilidade de que seja 30 é de:

a) $\dfrac{1}{99}$;

b) $\dfrac{2}{101}$;

c) $\dfrac{1}{100}$;

d) $\dfrac{1}{50}$.

Solução: $P(n) = \dfrac{1}{100}$.

3) (Susep) Ao se jogarem dois dados, qual a probabilidade de se obter o número 7 como soma dos resultados?

a) $\dfrac{7}{12}$;

b) $\dfrac{6}{12}$;

c) $\dfrac{4}{12}$;

d) $\dfrac{2}{12}$;

e) 0.

Solução: $n(B) = 36$ e $n(A) = 6$, logo temos $P(n) = \dfrac{2}{12}$.

4) (CVM) São lançados três dados não viciados. Seja S a soma dos resultados do lançamento desses dados, analise as informações a seguir:

I. A probabilidade é a mesma para que S seja 4 ou 17.
II. A probabilidade é maior para que S seja 18 do que 8.
III. A probabilidade é menor para S seja 3 do que 15.

Está/ão correta(s) somente:
a) I;
b) II;
c) I e II;
d) I e III;
e) II e III.

Solução:
1ª análise. Soma 17→(6,6,5);(5,6,6);(6,5,6), logo $P(n) = \dfrac{3}{216}$ e soma 4→(1,3);(3,1);(2,2), portanto temos $P(n) = \dfrac{3}{216}$, ou seja, (V);

2ª análise. Soma 18→só há 1 possibilidade (6,6,6), logo (F);

3ª análise. Soma 3→só há 1 possibilidade e soma 15→(5,5,5);(6,6,3);(6,5,4), portanto (V)

5) (Crea) Para desligar um sistema de segurança, devem ser acionados simultaneamente dois determinados botões de um painel que possui 6 botões. A probabilidade de desligar o sistema escolhendo-se ao acaso os 2 botões é:

a) $\dfrac{1}{2}$;

b) $\dfrac{1}{3}$;

c) $\dfrac{1}{6}$;

d) $\dfrac{1}{12}$;

e) $\dfrac{1}{15}$.

Solução: $n(B) = C_2^6$ e $n(A) = 5$, logo $P(n) = \dfrac{1}{3}$

6) (AFC) Em uma sala de aula, estão 4 meninas e 6 meninos. Três das crianças são sorteadas para constituírem um grupo de dança. A probabilidade de as três crianças escolhidas serem do mesmo sexo é de:
a) 0,10;
b) 0,12;
c) 0,15;
d) 0,20;
e) 0,24.

Solução: $n(B) = C_3^{10}$ e $n(A) = C_3^6 + C_3^4$, logo temos $P(n) = 0,2$

7) (FT) De um grupo de 200 estudantes, 80 estão matriculados em francês, 110 em inglês e 40 não estão matriculados nem em inglês nem em francês. Seleciona-se, ao acaso, um dos 200 estudantes. A probabilidade de que o estudante selecionado esteja matriculado em pelo menos uma dessas disciplinas (isto é, em inglês ou em francês) é igual a:

a) $\dfrac{30}{300}$;

b) $\dfrac{130}{200}$;

c) $\dfrac{150}{200}$;

d) $\dfrac{160}{200}$;

e) $\dfrac{190}{200}$.

Solução: pela teoria de conjuntos temos $80 - x + x + 110 - x + 40 = 200 \therefore x = 30$, logo $P(n) = \dfrac{160}{200}$.

8) (Aneel) Ana é enfermeira de um grande hospital e aguarda com ansiedade o nascimento de três bebês. Ela sabe que a probabilidade de nascer um menino é igual à probabilidade de nascer uma menina. Além disso, Ana sabe que os eventos "nascimento de menino" e "nascimento de menina" são eventos independentes. Deste modo, a probabilidade de que os três bebês sejam do mesmo sexo é igual a:

a) $\frac{2}{3}$;

b) $\frac{1}{8}$;

c) $\frac{1}{2}$;

d) $\frac{1}{4}$;

e) $\frac{3}{4}$.

Solução: $n(B) = 2.2.2$ e $n(A) = 2$, então $P(n) = \frac{1}{4}$.

9) (Sefaz) Num grupo de 40 pessoas, 25 são homens e 10 são portadores de um certo vírus k, dos quais 4 são mulheres. Escolhendo ao acaso uma pessoa desse grupo, a probabilidade de a pessoa escolhida ser portador do vírus k ou ser mulher é de:
a) 0,100;
b) 0,375;
c) 0,425;
d) 0525;
e) 0,725.

Solução:

$40.pessoas \begin{cases} Homens \to 25 \\ Mulheres \to 15 \end{cases}$ $vírus(k) \begin{cases} Mulheres \to 4 \\ Homens \to 6 \end{cases}$

$25 Homens \begin{cases} 6 \inf(k) \\ 19 ñ.\inf(k) \end{cases}$ $15 Mulheres \begin{cases} 4 \inf(k) \\ 11 ñ.\inf(k) \end{cases}$

Portanto, temos que $P(n) = \frac{10}{40} + \frac{11}{40} \Rightarrow P(n) = 0,525$

10) (MPU) Marcelo Augusto tem cinco filhos: Primus, Secundus, Tertius, Quartus e Quintus. Ele sorteará, entre seus cinco filhos, três entradas para a peça Júlio César, de Shakespeare. A probabilidade de que Primus e Secundus, ambos, estejam entre os sorteados ou que Tertius e Quintus, ambos estejam entre os sorteados, ou que sejam sorteados Secundus, Tertius e Quartus, é igual a:
a) 0,500;
b) 0,375;
c) 0,700;
d) 0,072;
e) 1.000.

Solução: $n(b) = C_3^5$, portanto temos $P(n) = \frac{3}{10} + \frac{3}{10} + \frac{1}{10} \Rightarrow P(n) = \frac{7}{10}$.

11) (Quatis) Alfredo tem uma horta de fundo de quintal para consumo próprio. Ao adquirir, num supermercado, um pacotinho de sementes de alface ele, lendo as instruções técnicas do produto, foi informado de que a probabilidade (aproximada para 3 casas decimais) de germinação de cada semente é de 85%. Se, em uma horta, ele plantou 3 sementes, qual a probabilidade de todas germinarem?
a) 28,3%;
b) 61,4%;
c) 31%;
d) 45%;
e) 52,3%.

Solução: $P(n) = (0,85)^3 \Rightarrow P(n) \cong 61,4\%$

12) (AFR) Os produtos de uma empresa são vendidos em lotes de 4 peças e, se houver uma ou mais peças defeituosas no lote, o comprador não paga. Se a proporção de defeituosas da fábrica é de 10%, então, a probabilidade de isso ocorrer é de, aproximadamente:
a) 0,19;
b) 0,27;
c) 0,34;
d) 0,40;
e) 0,46.

Solução:
$P(n) = 1 - P(\overline{n})$, logo temos $P(\overline{n}) = (0,9)^4$, daí $P(n) = 1 - (0,9)^4 \Rightarrow P(n) = 0,3439 \cong 0,34$

13) (TCE) A probabilidade de um gato estar vivo daqui a 5 anos é de $\frac{3}{5}$. A probabilidade de um cão estar vivo daqui a 5 anos é de $\frac{4}{5}$. Considerando os eventos independentes, a probabilidade de somente o cão estar vivo daqui a 5 anos é de:

a) $\frac{2}{25}$;

b) $\frac{8}{25}$;

c) $\frac{2}{5}$;

d) $\frac{3}{25}$;

e) $\frac{4}{5}$.

Solução:

$$\text{Cão} \begin{cases} vivo \to \frac{4}{5} \\ morto \to \frac{1}{5} \end{cases} \to \text{Gato} \begin{cases} vivo \to \frac{3}{5} \\ morto \to \frac{2}{5} \end{cases}$$

somente o cão deve ser vivo, logo $P(n) = \frac{4}{5} \times \frac{2}{5} \Rightarrow P(n) = \frac{8}{25}$.

14) (TCU) Um dado viciado, cuja probabilidade de se obter par é de $\frac{3}{5}$, é lançado juntamente com uma moeda não viciada. Assim, a probabilidade de se obter um número ímpar no dado ou coroa na moeda é de:

a) $\frac{1}{5}$;

b) $\frac{3}{10}$;

c) $\frac{2}{5}$;

d) $\frac{3}{5}$;

e) $\frac{7}{10}$.

Solução: $P(\overline{n}) = \frac{3}{5} \times \frac{1}{2} \Rightarrow P(n) = 1 - \frac{3}{10} \Rightarrow P(n) = \frac{7}{10}$.

15) (Metrô) Em uma cidade em que existem somente os jornais A e B, 20% da população leem somente o jornal A, 15% leem o jornal A e o jornal B e 10% não leem nenhum dos jornais. Escolhendo aleatoriamente uma pessoa desta cidade, a probabilidade de ela ler um e somente um dos jornais é de:
a) 55%;
b) 60%;
c) 65%;
d) 70%;
e) 75%.

Solução: usando a teoria de conjuntos, temos: $10\% + 15\% + 5\% + x - 15\% = 100\%$ ∴ $x = 85\%$, logo temos $P(n) = 75\%$.

16) (MPU) Os registros mostram que a probabilidade de um vendedor fazer uma venda em uma visita a um cliente potencial é de 0,4. Supondo que as decisões de compra dos clientes sejam eventos independentes, então a probabilidade de que o vendedor faça, no mínimo, uma venda em três visitas é igual a:
a) 0,624;
b) 0,064;
c) 0,216;
d) 0,568;
e) 0,784.

Solução: note que podemos pensar (excluindo) no evento de não ter venda assim, teremos o evento desejado; note também que $P(\bar{n}) = (0,6)^3$, logo teremos $P(n) = 1 - (0,6)^3 \Rightarrow P(n) = 0,784$.

17) (MRE) Em um grupo de cinco crianças, duas delas não podem comer doces. Duas caixas de doces serão sorteadas para duas diferentes crianças desse grupo (uma caixa para cada uma das duas crianças). A probabilidade de que as duas caixas de doces sejam exatamente para duas crianças que possam comer doces é de:
a) 0,10;
b) 0,20;
c) 0,25;
d) 0,30;
e) 0,60.

Solução: crianças $\begin{cases} 3(comem)doces \\ 2(\tilde{n}.comem)doces \end{cases}$ $n(B) = C_2^5$ e $n(A) = C_2^3 \Rightarrow P(n) = \dfrac{3}{10}$.

18) (MPU) Maria ganhou de João nove pulseiras, quatro de delas de prata e cinco delas de ouro. Maria ganhou de Pedro onze pulseiras, oito delas de prata e três delas de ouro. Maria guarda todas essas pulseiras – e apenas essas – em sua pequena caixa de joias. Uma noite, arrumando-se apressadamente para ir ao cinema com João, Maria retira, ao acaso, uma pulseira de sua pequena caixa de joias. Ela vê, então que retirou uma pulseira de prata. Levado em conta tais informações, a probabilidade de que a pulseira de prata que Maria retirou seja uma das pulseiras que ganhou de João é igual a:

a) $\dfrac{1}{3}$;

b) $\dfrac{1}{5}$;

c) $\dfrac{9}{20}$;

d) $\dfrac{4}{5}$;

e) $\dfrac{3}{5}$.

Solução:

Maria/João: $\begin{cases} 4(prata) \\ 5(ouro) \end{cases}$

Maria/Pedro: $\begin{cases} 8(prata) \\ 3(ouro) \end{cases}$,

portanto $P(n) = \dfrac{4}{12} \Rightarrow P(n) = \dfrac{1}{3}$.

19) (MPOG) A probabilidade de ocorrer cara no lançamento de uma moeda viciada é igual a $\frac{2}{3}$. Se ocorrer, cara, seleciona-se aleatoriamente um número X do intervalo $\{X \in N; 1 \leq X \leq 3\}$. Se ocorrer coroa, seleciona-se aleatoriamente um número Y do intervalo $\{Y \in N; 1 \leq Y \leq 4\}$, onde N representa o conjunto dos números naturais. Assim, a probabilidade de ocorrer um número par é igual a:

a) $\frac{7}{18}$;

b) $\frac{1}{2}$;

c) $\frac{3}{7}$;

d) $\frac{1}{27}$;

e) $\frac{2}{9}$.

Solução:

Moeda:
$$\begin{cases} cara \to \frac{2}{3}(1,2,3) \begin{cases} par \to \frac{1}{3} \\ ímpar \to \frac{2}{3} \end{cases} \Rightarrow \frac{2}{3} \times \frac{1}{3} = \frac{2}{9}; \\ coroa \to \frac{1}{3}(1,2,3,4) \begin{cases} par \to \frac{1}{2} \\ ímpar \to \frac{1}{2} \end{cases} \Rightarrow \frac{1}{3} \times \frac{1}{2} = \frac{1}{6}; \end{cases}$$

Portanto, temos: $P(\bar{n}) = \left(1 - \frac{4}{9}\right) + \frac{1}{3} \times \frac{1}{6} \Rightarrow P(\bar{n}) = \frac{11}{18} \therefore P(n) = 1 - \frac{11}{18} \Rightarrow P(n) = \frac{7}{18}$.

20) (Aneel) Todos os alunos de uma escola estão matriculados no curso de Matemática e no curso de História. Do total dos alunos da escola, 6% têm sérias dificuldades em Matemática e 4% têm sérias dificuldades em História. Ainda com referência ao total dos alunos da escola, 1% têm sérias dificuldades em Matemática e em História. Você conhece, ao acaso, um dos alunos desta escola, que lhe diz estar tendo sérias dificuldades em História. Então, a probabilidade de que este aluno esteja tendo sérias dificuldades também em Matemática é, em termos percentuais, igual a:
a) 50%;
b) 25%;
c) 1%;
d) 33%;
e) 20%.

Solução:

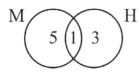 note pelo diagrama ao lado que o espaço amostral é 4.

Portanto temos $P(n) = \dfrac{1}{4} \Rightarrow P(n) = 25\%$.

21) (Anpad) Em 20% das vezes, Paula chega atrasada ao encontro. Por sua vez, Carlos chega atrasado 25% das vezes. Sabendo que os atrasos de Paula e Carlos são independentes entre si, então a probabilidade de, em um dia qualquer, ocorrerem ambos os atrasos é de:
a) 0,045;
b) 0,05;
c) 0,25;
d) 0,45;
e) 0,5.

Solução: Os eventos são independentes, logo $P(n) = P(A) \times P(B) \therefore P(n) = 0{,}2 \times 0{,}25 \Rightarrow P(n) = 0{,}05$.

22) (MPOG) Um juiz de futebol possui três cartões no bolso. Um é todo amarelo, outro é todo vermelho e o terceiro é vermelho de um lado e amarelo do outro. Num determinado jogo, o juiz retira, ao acaso, um cartão do bolso e mostra, também ao acaso, uma face do cartão a um jogador. Assim, a probabilidade de a face que o juiz vê ser vermelha e de a outra face, mostrada ao jogador, ser amarela é igual a:

a) $\dfrac{1}{6}$;

b) $\dfrac{1}{3}$;

c) $\dfrac{2}{3}$;

d) $\dfrac{4}{5}$;

e) $\dfrac{5}{6}$.

Solução: note que há 6 possibilidade de retirar os cartões, logo temos $n(B) = 6$; como só há um cartão com duas faces temos $P(n) = \dfrac{1}{6}$.

23) (TFC) Beraldo espera ansiosamente o convite de um de seus três amigos, Adalton, Cauan e Délius, para participar de um jogo de futebol. A probabilidade de que Adalton convide Beraldo para participar do jogo é de 25%, a de que Cauan o convide é de 40% e a de que Délius o faça é de 50%. Sabendo que os convites são feitos de forma totalmente independente entre si, a probabilidade de que Beraldo não seja convidado por nenhum dos três amigos para o jogo de futebol é de:
a) 12,5%;
b) 15,5%;
c) 22,5%;
d) 25,5%
e) 30%.

Solução:

Adalton: $\begin{cases} sim - 25\% \\ não - 75\% \end{cases}$ Cauan: $\begin{cases} sim - 60\% \\ não - 40\% \end{cases}$ Délius: $\begin{cases} sim - 50\% \\ não - 50\% \end{cases}$

Como a probabilidade é de que Beraldo "não" seja convidado, temos $P(n) = (0,75)(0,6)(0,5)$
$\Rightarrow P(n) = 22,5\%$

24) (Gestor Fazendário) Em uma caixa, há oito bolas brancas e duas azuis. Retira-se, ao acaso, uma bola da caixa. Após, sem haver recolocado a primeira bola na caixa, retira-se, também ao acaso, uma segunda bola. Verifica-se que essa segunda bola é azul. Dado que essa segunda bola é azul, a probabilidade de que a primeira bola extraída seja também azul é de:

a) $\dfrac{1}{3}$;

b) $\dfrac{2}{9}$;

c) $\dfrac{1}{9}$;

d) $\dfrac{2}{10}$;

e) $\dfrac{3}{10}$.

Solução:
Total de bolas $\begin{cases} 8-brancas \\ 2-azuis \end{cases}$, note que para 1ª retirada temos $\dfrac{2}{10}$ possibilidades, logo para a 2ª retirada há $P(n) = \dfrac{1}{9}$.

25) (AFC) Há apenas dois modos, mutuamente excludentes, de Ana ir para o trabalho: ou de carro ou de metrô. A probabilidade de Ana ir de carro é de 60% e de ir de metrô, é de 40%. Quando ela vai de carro, a probabilidade de chegar atrasada é de 5%. Quando ela vai de metrô, a probabilidade de chegar atrasada é de 17,5%. Em um dado dia, escolhido aleatoriamente, verificou-se que Ana chegou atrasada em seu local de trabalho. A probabilidade de ela ter ido de carro nesse dia é de:
a) 10%;
b) 30%;
c) 40%;
d) 70%;
e) 82,5%.

Solução:

$$\text{Ana/trabalho} \begin{cases} carro \begin{cases} sim \to 60\% \\ não \to 40\% \end{cases} \\ metrô \begin{cases} sim \to 40\% \\ não \to 60\% \end{cases} \end{cases}$$

$$\text{atraso/carro} \begin{cases} sim \to 5\% \\ não \to 95\% \end{cases}$$

$$\text{atraso/metrô} \begin{cases} sim \to 17,5\% \\ não \to 82,5\% \end{cases}$$

$n(B) = 60\% H 5\% + 40\% H 17,5\% \Rightarrow n(B) = 0,1; n(A) = 60\% H 5\% \Rightarrow (A) = 0,03$, portanto a probabilidade procurada será $P(n) = \dfrac{0,03}{0,1} \Rightarrow P(n) = 30\%$.

26) (MPU) Carlos sabe que Ana e Beatriz estão viajando pela Europa. Com as informações de que dispõe, ele estima corretamente que a probabilidade de Ana estar hoje em Paris hoje é de $\frac{3}{7}$, que a probabilidade de Beatriz estar em Paris hoje é de $\frac{2}{7}$, e que a probabilidade de ambas, Ana e Beatriz, estarem hoje em Paris é de $\frac{1}{7}$. Carlos, então, recebe um telefonema de Ana, informando que ela está hoje em Paris. Com a informação recebida pelo telefonema de Ana, Carlos agora estima corretamente que a probabilidade de Beatriz também estar hoje em Paris é igual a:

a) $\frac{1}{7}$;

b) $\frac{1}{3}$;

c) $\frac{2}{3}$;

d) $\frac{5}{7}$;

e) $\frac{4}{7}$.

Solução: note que $n(B) = \frac{3}{7}$, pois é a condição de Ana estar em Paris e $n(A) = \frac{1}{7}$ que é a possibilidade de ambas estarem em paris, logo,

$$P(n) = \frac{\frac{1}{7}}{\frac{3}{7}} \Rightarrow P(n) = \frac{1}{3}.$$

27) (MPU) Carlos diariamente almoça um prato de sopa no mesmo restaurante. A sopa é feita de forma aleatória por um dos três cozinheiros que lá trabalham: 40% das vezes a sopa é feita por João; 40% das vezes, por José; e 20% das vezes, por Maria. João salga demais a sopa 10% das vezes, José o faz em 5% das vezes e Maria, 20% das vezes. Como de costume, um dia qualquer, Carlos pede a sopa e, ao experimentá-la, verifica que está salgada demais. A probabilidade de que essa sopa tenha sido feita por José é igual a:
a) 0,15;
b) 0,25;
c) 0,30;
d) 0,20;
e) 0,40.

Solução: A probabilidade procurada será:

$$P(n) = \frac{\frac{4}{10} \times \frac{5}{100}}{\left(\frac{40}{100}\right) \times \left(\frac{10}{100}\right) + \left(\frac{40}{100}\right) \times \left(\frac{5}{100}\right) + \left(\frac{20}{100}\right) \times \left(\frac{20}{100}\right)} \Rightarrow P(n) = 20\%.$$

28) (AFRE) Ana precisa chegar ao aeroporto para buscar uma amiga. Ela pode escolher dois trajetos, A e B. devido ao intenso tráfego, se Ana escolher o trajeto A, existe uma probabilidade de 0,4 de ela se atrasar. Se Ana escolher o trajeto B, essa probabilidade passa para 0,30. As probabilidades de Ana escolher os trajetos A ou B são, respectivamente, de 0,60 e 0,4. Sabendo-se que Ana não se atrasou, então a probabilidade de ela ter escolhido o trajeto b é igual a:

a) $\frac{6}{25}$;

b) $\frac{6}{13}$;

c) $\frac{7}{13}$;

d) $\frac{7}{25}$;

e) $\frac{7}{16}$.

Solução: $P(n) = \dfrac{\frac{7}{10} \times \frac{4}{10}}{\frac{6}{10} \times \frac{6}{10} + \frac{4}{10} \times \frac{3}{10}} \Rightarrow P(n) = \dfrac{7}{16}.$

29) (AFC) Uma grande empresa possui dois departamentos: um de artigos femininos e outro de artigos masculinos. Para o corrente ano fiscal, o diretor da empresa estima que as probabilidades de os departamentos de artigos femininos e masculinos obterem uma margem de lucro de 10% são iguais a 30% e 20%, respectivamente. Além disso, ele estima em 5,1% a probabilidade de ambos os departamentos obterem uma margem de lucro de 10%. No final do ano fiscal, o diretor verificou que o departamento de artigos femininos obteve uma margem de lucro de 10%. Desse modo, a probabilidade de o departamento de artigos masculinos ter atingido a margem de lucro de 10% é igual a:
a) 17%;
b) 20%;
c) 25%;
d) 24%;
e) 30%.

Solução:

$$\text{Departamentos} \begin{cases} art.fem.\{obter.lucro \to 30\% \\ art.masc\{obter.lucro \to 20\% \end{cases} \text{ e } (fem/masc) \to 5,1\%;$$

$$\text{Não ter lucro} \begin{cases} art.fem.\{não/obter.lucro \to 70\% \\ art.masc\{não/obter.lucro \to 80\% \end{cases} \text{ e } (não.fem/masc) \to 94,9\%;$$

Portanto a probabilidade procurada será:

$$P(n) = \frac{1-(P(não.fem/masc))}{P(fem)} \Rightarrow P(n) = \frac{1-0,949}{0,3} \Rightarrow P(n) = 17\%.$$

30) (AFC) Um candidato é submetido a um teste de múltipla escolha, em que cada questão apresenta cinco opções, sendo apenas uma delas correta. Se o candidato sabe a questão, ele escolhe a opção correta. Se não sabe, ele marca a resposta puramente ao acaso. O candidato sabe 80% das questões. Escolhe-se uma questão ao acaso e verifica-se que o candidato marcou a resposta correta. Portanto, levando-se em conta a informação de que é conhecido que ele marcou a resposta correta, a probabilidade de que o candidato saiba esta questão é igual a:

a) $\dfrac{5}{25}$;

b) $\dfrac{20}{25}$;

c) $\dfrac{20}{20}$;

d) $\dfrac{21}{25}$;

e) $\dfrac{20}{21}$.

Solução:

Questões $\begin{cases} sabe / acerta \\ não.sabe / chuta \end{cases}$ e $\begin{cases} sabe \rightarrow 80\% \\ não.sabe \rightarrow 20\% \end{cases}$

1ª análise:
$n(B) = sabe.e.acerta..ou..não.sabe.e.chuta.certo \Rightarrow n(B) = 0,8 \times 1 + 0,2 \times \dfrac{1}{5} \therefore n(B) = 0,84$

2ª análise:
$n(A) = ele.sabe \Rightarrow n(A) = 0,8$;

Portanto, a probabilidade procurada é $P(n) = \dfrac{0,8}{0,84} \Rightarrow P(n) = \dfrac{20}{21}$.

31) (MPU) André está realizando um teste de múltipla escolha, em que cada questão apresenta 5 alternativas, sendo uma e apenas uma correta. Se André sabe resolver a questão, ele marca a resposta certa. Se ele não sabe, ele marca aleatoriamente uma das alternativas. André sabe 60% das questões do teste. Então, a probabilidade de ele acertar uma questão do teste (isto é, de uma questão escolhida ao acaso) é igual a:
a) 0,62;
b) 0,60;
c) 0,68;
d) 0,80;
e) 0,56.

Solução: $P(n) = 0,6 \times 1 + 0,4 \times 0,2 \Rightarrow P(n) = 0,68$.

32) (MPU) Quando Lígia pára em um posto de gasolina, a probabilidade de ela pedir para verificar o nível de óleo é de 0,28; a probabilidade de ela pedir para verificar a pressão dos pneus é de 0,11 e a probabilidade de ela pedir para verificar ambos, óleo e pneus, é de 0,04. Portanto, a probabilidade de Lígia parar em um posto de gasolina e não pedir nem para verificar o nível de óleo nem para verificar a pressão dos pneus é igual a:
a) 0,25;
b) 0,35;
c) 0,45;
d) 0,15;
e) 0,65.

Solução:
só óleo → 0,28 - 0,04 = 0,24;
só pneu → 0,11 - 0,04 = 0,07;
pelo menos um deles → 0,24 + 0,07 + 0,04 = 0,35

portanto, temos: $P(n) = 1 - 0,35 \Rightarrow P(n) = 0,65$.

33) (Docas) Em um programa de televisão, dois candidatos X e Y, concorrem a um prêmio. Há uma urna com 9 bolas pretas e 1 bola vermelha. X retira uma bola, depois Y retira uma bola, depois X novamente, e assim sucessivamente, até que seja retirada a bola vermelha. A probabilidade de a bola vermelha ser:
a) sacada por X é maior do que a de ser sacada por Y;
b) sacada por X é menor do que a de ser sacada por Y;
c) sacada por X é igual à de ser sacada por Y;
d) a primeira a ser sacada é maior do que a de ser a última;
e) a primeira a ser sacada é menor do que a de ser a última.

Solução: Total de bolas $\begin{cases} pretas \to 9 \\ vermelhas \to 1 \end{cases} \Rightarrow$ X e Y farão retiradas;

1º) X retirar vermelha na 1ª retirada $\to \frac{1}{10}$;

2º) X retirar na 2ª retirada é igual a (X retirar, Y não retirar e X retirar), logo temos: $\frac{9}{10} \times \frac{8}{9} \times \frac{1}{8} = \frac{1}{10}$, portanto se continuarmos teremos: $P(X) = P(Y) = \frac{1}{2}$.

34) (Docas) Em um programa de televisão, dois candidatos X e Y, concorrem a um prêmio. X lança um dado, depois Y laça o dado, depois X, novamente, e assim sucessivamente, até que seja obtido um "seis". A probabilidade de o "seis" ser obtido:
a) por X é maior do que a de ser obtido por Y;
b) por X é menor do que a de ser obtido por Y;
c) por X é igual que a de ser obtido por Y;
d) no primeiro lançamento é igual a $\frac{1}{2}$;
e) no primeiro lançamento é maior que $\frac{1}{2}$.

Solução:
Observação: Neste jogo ganha quem obtiver como resultado o "seis", daí teremos:
X – ganhar no 1º lançamento $\to \frac{1}{6}$;
X – ganhar no 2º lançamento é igual a: X não ganhar; Y não ganhar; X ganhar, logo temos; $\frac{5}{6} \times \frac{5}{6} \times \frac{1}{6} \Rightarrow \frac{5^2}{6^3}$.

Portanto, X ganhar é $\frac{1}{6} + \left(\frac{5^2}{6^3}\right) + \left(\frac{5}{6} \times \frac{5}{6} \times \frac{5}{6} \times \frac{1}{6}\right) + \ldots$, note que! a probabilidade procurada representa a soma dos termos de uma P.G. infinita cuja razão é $q = \frac{25}{36}$, daí teremos:

$P(n) = \dfrac{\frac{1}{6}}{1-\frac{25}{36}} \Rightarrow P(X, ganhar) = \frac{6}{11} \Leftrightarrow P(Y, ganhar) = \frac{5}{11}$.

35) (Contador) Ao lançar uma moeda, é sabido que existe 50% de chance para a moeda cair com o lado da coroa para cima. Ao lançar uma moeda três vezes seguidas, a chance aproximada de dar coroa seria de:
a) 50%;
b) 25%;
c) 33%;
d) 88%;
e) 75%.

Solução: $P(n) = 1 - \left(\dfrac{1}{2}\right)^3 \Rightarrow P(n) = \dfrac{7}{8} \cong 88\%$.

36) (Besc) Dois jogadores, X e Y, apostam em um jogo de cara e coroa, combinando que o primeiro a conseguir 6 vitórias ganharia a aposta. X já obteve 5 vitórias e Y, apenas 3. Qual a probabilidade de X ganhar o jogo?

a) $\dfrac{7}{8}$;

b) $\dfrac{4}{5}$;

c) $\dfrac{3}{4}$;

d) $\dfrac{3}{5}$;

e) $\dfrac{1}{2}$.

Solução: note que Y só ganha se este ganhar 3 vezes e X não ganhar nenhuma vez, logo teremos $P(n) = 1 - \left(\dfrac{1}{2}\right)^3 \Rightarrow P(n) = \dfrac{7}{8}$.

37) (MPOG) Há três moedas em saco. Apenas uma delas é uma moeda normal, "cara" em uma face e "coroa" na outra. As demais são moedas defeituosas. Uma delas tem "cara" em ambas das faces. A outra tem "coroa" em ambas das faces. Uma moeda é retirada do saco ao acaso e é colocada sobre a mesa, sem que se veja a face que ficou voltada para baixo. Vê-se que a face voltada para cima é "cara". Considerando todas essas informações, a probabilidade de que a face voltada par baixo seja "coroa" é:

a) $\frac{1}{2}$;

b) $\frac{1}{3}$;

c) $\frac{1}{4}$;

d) $\frac{2}{3}$;

e) $\frac{3}{4}$.

Solução: $P(n) = \frac{x}{y} \Rightarrow \begin{cases} x = \frac{1}{2} \times \frac{1}{3} \Rightarrow \frac{1}{6} \\ y = \frac{1}{3} + \frac{1}{3} \times \frac{1}{2} \Rightarrow \frac{1}{2} \end{cases} \Rightarrow P(n) = \frac{1}{3}$.

38) (Furnas) Um profissional selecionou 40 funcionários, sendo 24 homens. Escolhendo-se aleatoriamente 3 desses funcionários, a probabilidade de que 2 sejam homens e 1 seja mulher é, aproximadamente, de:
a) 44,69%;
b) 44,73%;
c) 44,79%;
d) 44,86%;
e) 44,92%.

Solução: nº de funcionários $\begin{cases} Homens \rightarrow 24 \\ Mulheres \rightarrow 16 \end{cases} \Rightarrow P(n) = \frac{C_2^{24} \times C_1^{16}}{C_3^{40}} \Rightarrow P(n) = 44,69\%$.

39) (MPU) Luís é prisioneiro do temível imperador Ivan. Ivan coloca Luís à frente de três portas e lhe diz: "Atrás de uma destas portas encontra-se uma barra de ouro, atrás de cada uma das outras um tigre feroz. Eu sei onde cada um deles está. Podes escolher uma porta qualquer. Feita tua escolha, abrirei uma das portas, entre as que não escolhestes, atrás da qual sei que se encontra um dos tigres, para que tu mesmo vejas uma das feras. Aí, se quiseres, poderás mudar a tua escolha". Luís, então, escolhe uma porta e imperador abre as duas portas não escolhidas por Luís e lhe mostra um tigre. Luís, após ver a fera, e aproveitando-se do que dissera o imperador, muda sua escolha e diz: "Temível imperador, não quero a porta que escolhi; quero entre as duas portas que eu havia escolhido, aquela que não abriste". A probabilidade de que, agora, nessa nova escolha, Luís tenha escolhido a porta que conduz à barra de ouro é igual a:

a) $\dfrac{1}{2}$;

b) $\dfrac{1}{3}$;

c) $\dfrac{2}{3}$;

d) $\dfrac{2}{5}$;

e) 1.

Solução: note que há duas portas erradas e uma porta certa, logo temos $\dfrac{1}{3}$ para a 1ª escolha, se tratando da porta certa e temos $\dfrac{2}{3}$ para a 2ª escolha, se tratando das portas erradas. Note também que se foi escolhida a porta errada, ao trocar será a porta certa, logo: $P(n) = 1 \times \dfrac{2}{3} \Rightarrow P(n) = \dfrac{2}{3}$.

40) (Magistério) A urna 1 contém seis bolas pretas e quatro bolas verdes. A urna 2 contém duas bolas verdes e duas bolas brancas. Transfere-se, ao acaso, uma bola da urna 1 para a urna 2; em seguida, transfere-se, ao acaso, uma bola da urna 2 para a urna 1. A probabilidade de as urnas manterem sua composição original de cores vale:
a) 12%;
b) 24%;
c) 36%;
d) 42%;
e) 50%.

Solução: note que na urna 1 há 60% de retirar bola preta e 40% de retirar bola verde; e na urna 2 há 50% para cada bola, com isso, temos que $P(n) = 0{,}6 \times 0{,}4 + 0{,}6 \times 0{,}4 \times 0{,}5 \therefore P(n) = 36\%$.

41) (AFTN) Em uma cidade, 10% das pessoas possuem carro importado. Dez pessoas dessa cidade são selecionadas ao acaso e com reposição. A probabilidade de que exatamente 7 das pessoas selecionadas possuam carro importado é de:
a) $(0,1)^7.(0,9)^3$;
b) $(0,1)^3.(0,9)^7$;
c) $120.(0,1)^7.(0,9)^3$;
d) $120.(0,1).(0,9)$;
e) $120.(0,1)^7.(0,9)$.

Solução: a probabilidade procurada será $P(n) = C_7^{10} \times (0,1)^7 \times (0,9)^3 \Rightarrow P(n) = 120.(0,1)^7.(0,9)^3$.

42) (Petrobrás) Joga-se um dado não tendencioso. Se o resultado não foi "quatro", qual é a probabilidade de que tenha sido "um"?

a) $\dfrac{1}{5}$;

b) $\dfrac{1}{6}$;

c) $\dfrac{1}{9}$;

d) $\dfrac{1}{12}$;

e) $\dfrac{1}{18}$.

Solução: vamos pensar da seguinte forma; se o número "quatro" não está no resultado, logo foi retirado um dos "cinco" números restantes, daí a probabilidade de que esse número seja o número "um" é igual a $P(n) = \dfrac{1}{5}$.

43) (Bacen) Sabendo-se que, se somarmos dois números pares, encontramos um número par, se somarmos dois números ímpares também encontramos um número par e, somente se somarmos um número par com um número ímpar, encontraremos um número ímpar, é correto pensar que, em um jogo de par-ou-ímpar:

a) terá maior probabilidade de vencer o jogador que pedir ímpar e colocar um número ímpar;
b) terá maior probabilidade de vencer o jogador que pedir ímpar e colocar um número par;
c) terá maior probabilidade de sair vitorioso o jogador que pedir par e colocar um número par;
d) terá maior probabilidade de sair vitorioso o jogador que pedir par e colocar um número ímpar;
e) os dois jogadores terão sempre a mesma probabilidade de vencer.

Solução: em um jogo de par-ou-ímpar não há como prever o resultado nem do jogador "A" nem do jogador "B", independente deles colocarem ou pedirem números pares ou ímpares, sendo assim, a probabilidade do jogador A é a mesma do que a probabilidade do jogador B.

44) (MPOG) Paulo e Roberto foram indicados para participar de um torneio de basquete. A probabilidade de Paulo ser escolhido para participar do torneio é de $\frac{3}{5}$. A probabilidade de Roberto ser escolhido para participar do mesmo torneio é de $\frac{1}{5}$. Sabendo que a escolha de um deles é independente da escolha do outro, a probabilidade de somente Paulo ser escolhido para participar do torneio é igual a:

a) $\frac{4}{25}$;

b) $\frac{10}{25}$;

c) $\frac{12}{25}$;

d) $\frac{3}{5}$;

e) $\frac{4}{5}$.

Solução: torneio de basquete $\begin{cases} Paulo \\ Roberto \end{cases}$, agora vamos analisar a participação de cada um;

Paulo participar $\to \frac{3}{5}$; Paulo não participar $\to \frac{2}{5}$;

Roberto participar $\to \frac{1}{5}$; Roberto não participar $\to \frac{4}{5}$;

Portanto, a probabilidade procurada será $P(n) = \frac{3}{5} \times \frac{4}{5} \Rightarrow P(n) = \frac{12}{25}$.

45) (ANTT) Jessé trabalha no setor administrativo de uma empresa e precisou consultar, num certo dia, três processos diferentes. Cada um desses processos estava numa gaveta diferente de um pequeno arquivo que continha quatro gavetas. No final do dia, Jessé deveria devolver cada processo à sua respectiva gaveta. Jessé, entretanto, resolveu escolher ao acaso uma gaveta para guardar um dos processos, uma segunda gaveta, diferente da primeira, para guardar o segundo e uma terceira gaveta, das duas que sobraram, para guardar o terceiro processo. A probabilidade de que Jessé tenha conseguido devolver cada processo a sua gaveta original é de:

a) $\dfrac{1}{48}$;

b) $\dfrac{1}{24}$;

c) $\dfrac{1}{12}$;

d) $\dfrac{1}{6}$;

e) $\dfrac{1}{3}$.

Solução: como são 4 gavetas temos que $n(B) = 4! \Rightarrow n(B) = 24$; note também que só há uma possibilidade de que os processos estejam nas respectivas gavetas originais, logo $P(n) = \dfrac{1}{24}$.

46) (Aneel) Ana tem um estranho costume de somente usar blusas brancas ou pretas.

Por ocasião de seu aniversário, Ana ganhou de sua mãe quatro blusas pretas e cinco brancas. Na mesma ocasião, o pai de Ana a presenteou com quatro blusas pretas e duas brancas. Vitor, namorado de Ana, a presenteou com duas blusas brancas e três pretas. Ana guardou todas essas blusas – e apenas – em uma mesma gaveta. Uma tarde, arrumando-se para ir ao parque com Vitor, Ana retirou, ao acaso, uma blusa dessa gaveta. A probabilidade de a blusa retirada par Ana ser uma das blusas pretas que ganhou de sua mãe ou uma das blusas brancas que ganhou de seu pai é igual a:

a) $\dfrac{4}{5}$;

b) $\dfrac{7}{10}$;

c) $\dfrac{3}{5}$;

d) $\dfrac{3}{10}$;

e) $\dfrac{2}{3}$.

Solução: Mãe de Ana $\begin{cases} blusa(branca) \to 5 \\ blusa(preta) \to 4 \end{cases}$.

Pai de Ana $\begin{cases} blusa(branca) \to 2 \\ blusa(preta) \to 4 \end{cases}$.

Vitor $\begin{cases} blusa(branca) \to 2 \\ blusa(preta) \to 3 \end{cases}$

Total de blusas brancas – 9;
Total de blusas pretas – 11;
Total de blusas que Ana ganhou – 20;

Logo $n(B) = 20$ então a probabilidade procurada será
$P(n) = \dfrac{4}{20} + \dfrac{4}{20} - \dfrac{2}{20} \Rightarrow P(n) = \dfrac{3}{10}$.

47) (Transpetro) Segundo uma reportagem publicada na revista Veja, de 11 de janeiro de 2006, um instituto internacional especializado no estudo do stress ouviu 1.200 brasileiros para saber se há relação entre cansaço e uso frequente de equipamentos eletrônicos. O quadro abaixo apresenta os percentuais de respostas "sim e não", referentes a algumas das perguntas feitas aos entrevistados.

Quando o uso de eletrônicos é reduzido, você...	N° da pergunta	Pergunta	SIM	NÃO
	I	... fica menos tenso?	68%	32%
	II	... fica menos ansioso?	38%	62%
	III	... tem menos insônia?	22%	78%
	IV	... apresenta melhoria na concentração?	18%	82%

Considere que todos os entrevistados que responderam "SIM" à pergunta IV tenham respondido "SIM" também à pergunta III. Sorteando-se ao acaso um dos entrevistados, a probabilidade de que a pessoa sorteada tenha respondido "SIM" à pergunta III e "NÃO" à pergunta IV será de:

a) $\dfrac{2}{25}$;

b) $\dfrac{4}{25}$;

c) $\dfrac{3}{10}$;

d) $\dfrac{1}{5}$;

e) $\dfrac{3}{5}$.

Solução: tomemos por base o total de pessoas, que é 1.200. Montemos uma tabela com os valores respectivos, em relação às porcentagens dadas.

SIM	NÃO
816.	384.
456.	744.
264.	936.
216.	984.

Pela tabela temos que a probabilidade procurada é

$$P(n) = \left(\dfrac{264-216}{1200} + \dfrac{984-936}{1200} \right) \Rightarrow P(n) = \dfrac{2}{25}.$$

48) (Petrobras) Um professor de matemática apresentou oito cartões iguais para seus alunos. Em cada cartão estava escrito um polinômio diferente, como mostrado abaixo.

$P(x) = 3x^2 + 5$	$P(x) = 3x - 1$
$P(x) = x^3 - x^2 + 1$	$P(x) = 3x - x^4$
$P(x) = x^4 + x^3 + x$	$P(x) = \dfrac{x^3}{2} + 10x$
$P(x) = \dfrac{x + x^2}{2}$	$P(x) = (x^2 + 1)^1$

Se o professor pedir a um aluno que, sem ver o que está escrito nos cartões, escolha um deles aleatoriamente, a probabilidade de o aluno escolher um cartão no qual está escrito um polinômio de 3º grau será de:

a) $\dfrac{1}{4}$;

b) $\dfrac{3}{8}$;

c) $\dfrac{1}{2}$;

d) $\dfrac{5}{8}$;

e) $\dfrac{3}{4}$.

Solução: o total de polinômios – 8 e há 2 polinômios de 3º grau, logo $P(n) = \dfrac{1}{4}$.

164 | Análise Combinatória e Probabilidade para Concursos

49) (Magistério) Dez moedas são lançadas simultaneamente. A probabilidade de obtermos exatamente três caras é igual a:

a) $\dfrac{9}{64}$;

b) $\dfrac{15}{128}$;

c) $\dfrac{21}{256}$;

d) $\dfrac{27}{512}$;

e) $\dfrac{33}{1024}$.

Solução: $P(n) = \dfrac{C_3^{10}}{(2)^{10}} \Rightarrow P(n) = \dfrac{15}{128}$.

50) (TC) Um baralho comum tem 52 cartas e cada uma delas possui dois sinais essenciais. O principal é uma marcação que pode ser um número variando de 2 a 10, ou uma letra: J para os valetes, Q para as damas, K para os reis e A para os ases. A marcação secundária é chamada de naipe, que pode ser: paus, copas, espadas ou ouros. Retirando-se, ao acaso, uma carta desse baralho, qual a probabilidade de sair uma carta marcada com uma letra ou uma carta de paus?

a) $\dfrac{20}{52}$;

b) $\dfrac{24}{52}$;

c) $\dfrac{25}{52}$;

d) $\dfrac{28}{52}$;

e) $\dfrac{29}{52}$.

Num baralho existem 52 cartas. Veja abaixo a distribuição dos naipes.

		NUMEROS								FIGURAS			
ouro	♦	2	3	4	5	6	7	8	9	10	D	J	K	A
paus	♣	2	3	4	5	6	7	8	9	10	D	J	K	A
copas	♥	2	3	4	5	6	7	8	9	10	D	J	K	A
espada	♠	2	3	4	5	6	7	8	9	10	D	J	K	A

Solução: a probabilidade procurada será $P(n) = \dfrac{13}{52} + \dfrac{C_1^4 \times C_1^3}{52} \Rightarrow P(n) = \dfrac{25}{52}$.

51) (An.Leg) Uma classe tem 10 alunos (Paulo é um deles) e 6 alunas (Marta é uma delas). Formam-se comissões de 4 alunos e 2 alunas. Considerando-se o número máximo de comissões diferentes que se pode formar com aqueles alunos e alunas, qual a probabilidade de Paulo e Marta estarem na mesma comissão?

a) $\frac{2}{15}$;

b) $\frac{2}{5}$;

c) $\frac{1}{3}$;

d) $\frac{1}{5}$.

Solução: $P(n) = \dfrac{C_3^9 \times C_1^5}{C_4^{10} \times C_2^6} \Rightarrow P(n) = \dfrac{2}{15}$.

52) (Magistério) Um dado honesto tem suas seis faces numeradas de 1 a 6. A probabilidade de obtermos três números consecutivos em três lançamentos sucessivos do dado é:

a) $\frac{1}{36}$;

b) $\frac{1}{18}$;

c) $\frac{1}{9}$;

d) $\frac{1}{6}$;

e) $\frac{1}{3}$.

Solução: como o dado é lançado três vezes, é o mesmo que lançarmos três dados de uma só vez, logo $n(B) = 216$; há 4 possibilidades de termos números consecutivos; (123); (234);(345);(456), como a ordem não é importante, $n(A) = 24$; logo $P(n) = \dfrac{24}{216} \therefore P(n) = \dfrac{1}{9}$.

53) (ATE) Uma urna contém 1 bola preta, 1 verde e 1 branca. Sacam-se, com reposição, três bolas dessa urna. Qual a probabilidade de as bolas sacadas terem três cores diferentes?

a) $\dfrac{1}{9}$;

b) $\dfrac{2}{9}$;

c) $\dfrac{1}{3}$;

d) $\dfrac{4}{9}$;

e) $\dfrac{5}{9}$.

Solução: $\begin{cases} bola / preta \to \dfrac{1}{3} \\ bola / verde \to \dfrac{1}{3} \\ bola / branca \to \dfrac{1}{3} \end{cases}$, então temos que $P(n) = \left(\dfrac{1}{3}\right)^3 \times 3! \Rightarrow P(n) = \dfrac{2}{9}$.

(ATE) O enunciado a seguir refere-se às duas questões seguintes. João e Pedro, começando por João, lançam alternadamente uma moeda não tendenciosa até que um deles obtenha um resultado "cara".

54) Qual a probabilidade de serem feitos, no máximo, três lançamentos?

a) $\dfrac{1}{8}$;

b) $\dfrac{1}{2}$;

c) $\dfrac{3}{4}$;

d) $\dfrac{7}{8}$;

e) $\dfrac{15}{16}$.

Solução: $P(n) = 1 - \dfrac{1}{8} \Rightarrow P(n) = \dfrac{7}{8}$.

55) Qual é a probabilidade de o último lançamento ser feito por João?

a) $\dfrac{1}{2}$;

b) $\dfrac{2}{3}$;

c) $\dfrac{3}{4}$;

d) $\dfrac{4}{5}$;

e) $\dfrac{7}{8}$.

Solução: $P(n) = \dfrac{1}{2}$.

56) (Ag.Adm) Lança-se uma moeda não tendenciosa até que seja obtido, pela segunda vez, o resultado cara. Qual é a probabilidade de serem feitos mais de quatro lançamentos?

a) $\dfrac{3}{16}$;

b) $\dfrac{5}{16}$;

c) $\dfrac{7}{16}$;

d) $\dfrac{9}{16}$;

e) $\dfrac{11}{16}$.

Solução: $P(n) = \dfrac{2}{16} + \dfrac{1}{16} + \dfrac{1}{16} + \dfrac{1}{16} \Rightarrow P(n) = \dfrac{5}{16}$.

57) (Ag.Adm) A probabilidade de uma tentativa ser bem-sucedida é de 1/3. Qual é a probabilidade de, em três tentativas independentes, haver pelo menos uma bem-sucedida?

a) $\dfrac{7}{27}$;

b) $\dfrac{8}{27}$;

c) $\dfrac{19}{27}$;

d) $\dfrac{20}{27}$;

e) 1.

Solução: note que há 2 tipos de resultado, que é o bem-sucedido e o mal-sucedido, logo temos que a probabilidade procurada será $P(n) = 1 - \left(\dfrac{2}{3}\right)^3 \Rightarrow P(n) = \dfrac{19}{27}$.

58) (ATI) Uma urna contém quatro bolas de cores diferentes. Sacam-se, com reposição, quatro dessa urna. Qual a probabilidade de que sejam sacadas, em qualquer ordem, duas bolas de uma cor e duas de outra cor?

a) $\dfrac{3}{64}$;

b) $\dfrac{9}{64}$;

c) $\dfrac{11}{64}$;

d) $\dfrac{15}{64}$;

e) $\dfrac{21}{64}$.

Solução: $n(B) = 4^4 \Rightarrow n(B) = 256$ e $n(A) = 4.(C_1^3)^2 \Rightarrow n(A) = 36$, daí $P(n) = \dfrac{36}{256} \Rightarrow P(n) = \dfrac{9}{64}$.

59) (Docas) Observe o quadro abaixo:

Segunda-Feira	Terça-Feira	Quarta-Feira	Quinta-Feira	Sexta-Feira
49.	45.	87.	37.	34.

Ele mostra o número de cópias arquivadas por um funcionário durante uma semana de trabalho. Escolhendo-se, ao acaso, uma dessas cópias, a probabilidade de a mesma ter sido arquivada na terça-feira é de:

a) $\dfrac{5}{28}$;

b) $\dfrac{7}{39}$;

c) $\dfrac{9}{31}$;

d) $\dfrac{4}{27}$;

e) $\dfrac{11}{45}$.

Solução: $P(n) = \dfrac{45}{252} \Rightarrow P(n) = \dfrac{5}{28}$.

60) (Ag.Adm) Lança-se um dado não tendencioso. Se o resultado é par, qual é a probabilidade de que tenha sido "quatro"?

a) $\dfrac{1}{2}$;

b) $\dfrac{1}{3}$;

c) $\dfrac{1}{4}$;

d) $\dfrac{1}{5}$;

e) $\dfrac{1}{6}$.

Solução: $P(n) = \dfrac{1}{3}$

(Ag.Adm) O enunciado a seguir refere-se às duas questões seguintes.
Quatro mulheres marcaram um encontro na porta do Mercado Central. Há 4 portas no Mercado Central, e, como se esqueceram de especificar em qual das portas se encontrariam, cada uma delas se dirige a uma porta escolhida ao acaso.

61) Qual a probabilidade de as quatro se dirigirem a quatro portas diferentes?

a) $\dfrac{1}{16}$;

b) $\dfrac{3}{16}$;

c) $\dfrac{1}{24}$;

d) $\dfrac{1}{32}$;

e) $\dfrac{3}{32}$.

Solução: $P(n) = \dfrac{4!}{(4)^4} \Rightarrow P(n) = \dfrac{3}{32}$.

62) Qual a probabilidade de três delas se dirigirem a mesma porta e a mulher restante se dirigir a outra porta?

a) $\dfrac{1}{16}$;

b) $\dfrac{3}{16}$;

c) $\dfrac{1}{24}$;

d) $\dfrac{1}{32}$;

e) $\dfrac{3}{32}$.

Solução: vamos analisar caso a caso:
Chamando as mulheres de A, B, C e D e chamarmos as portas de $\alpha, \beta, \pi, \theta$, teremos:
I) as mulheres A, B, C, p/ α, daí há 3 possibilidades; note que há para os outros casos também há 3 possibilidades, pois haverá sempre uma mulher de fora; como há 4 mulheres temos: 4H3 = 12; entretanto há 4 mulheres e somente uma vai ficar de fora, daí $n(A) = $ 4H12;
II) o espaço amostral será dado por: $n(B) = 4^4 \Rightarrow n(A) = 256$;

Portanto, a probabilidade procurada será $P(n) = \dfrac{12 \times 4}{256} \Rightarrow P(n) = \dfrac{3}{16}$.

63) (BNB) Um globo contém 9 bolas numeradas com algarismos distintos de 1 a 9. Sorteia-se, ao acaso, com reposição, três bolas do globo. Qual a probabilidade de que o resultado do sorteio seja a sequência 3,3,3,?

a) 3^{-9};

b) $\dfrac{1}{27}$;

c) $\dfrac{1}{729}$;

d) $\dfrac{3}{103}$;

e) 0,009.

Solução: $n(B) = 9^3 \Rightarrow n(B) = 729$, daí como há reposição, temos $P(n) = \dfrac{1}{729}$.

64) (BNB) Seja N o número de anagramas da palavra "AEIOUBCDF", cuja última letra à direita seja uma consoante. Denotamos por P a probabilidade de escolher aleatoriamente um dentre estes anagramas que contenha exatamente duas vogais. Os valores de N e P são, respectivamente:
a) 8! e 14;
b) 4.8! e 1/9;
c) 4.8! e 1/14;
d) 4.9! e 1/9!;
e) 9! e 1/4.9!.

Solução: é fácil perceber que N é igual a 4.8!; agora vamos analisar P caso a caso;
1º caso – V.V.C.V.C.V.C.V→6!;
2º caso – V.C.V.C.V.C.V.V→6!;
3º caso – V.C.V.C.V.V.C.V→6!;
4º caso – V.C.V.V.C.V.C.V→6!;

Como a ordem das consoantes pode ser qualquer uma, temos:

$P(n) = \dfrac{4.4.6!}{4.8!} \Rightarrow P(n) = \dfrac{1}{14}$.

65) (Tec.M.Aer) Lança-se um dado não tendencioso até que sejam obtidos dois resultados consecutivos iguais. Qual a probabilidade de o dado ser lançado exatamente três vezes?

a) $\dfrac{1}{2}$;

b) $\dfrac{1}{6}$;

c) $\dfrac{1}{9}$;

d) $\dfrac{5}{36}$;

e) $\dfrac{1}{36}$.

Solução: note que a probabilidade procurada será dada por $P(n) = \left(\dfrac{5}{6}\right)^2 \times \dfrac{1}{5} \Rightarrow P(n) = \dfrac{5}{36}$.

66) (TRT) O campo de batalha de uma partida de xadrez é um tabuleiro quadrado. Este, por sua vez, é dividido em 64 quadrados menores, dispostos em oito linhas e oito colunas em cores claras e escuras, alternadas. A Torre pode se movimentar para qualquer número de casas na horizontal (linha) ou vertical (coluna). Quando o Rei está para ser atacado por uma peça inimiga, diz-se que este está em xeque. Considere um tabuleiro com apenas um Rei, posicionado conforme a figura abaixo:

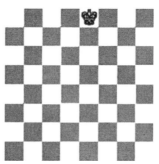

Se posicionarmos aleatoriamente uma Torre inimiga em qualquer casa desse tabuleiro(exceto na casa onde se encontra o Rei), qual é, aproximadamente, a probabilidade de esta Torre colocar o Rei em xeque?
a) 8%;
b) 16%;
c) 22%;
d) 28%;
e) 35%.

Solução: $P(n) = \dfrac{C_2^8}{(2)^8} \Rightarrow P(n) \cong 22\%$.

67) (CVM) Ricardo comprou um carro "flex", que pode ser abastecido com gasolina, álcool ou com uma mistura dos dois. Ricardo costuma abastecer apenas com gasolina metade das vezes, somente com álcool 1/3 das vezes e com uma mistura dos dois 1/6 das vezes. Sabe-se também que ele abastece uma vez por semana. A probabilidade de Ricardo ter abastecido com alguma quantidade de álcool hoje é:

a) $\dfrac{1}{21}$;

b) $\dfrac{1}{42}$;

c) $\dfrac{1}{14}$;

d) $\dfrac{2}{21}$;

e) $\dfrac{1}{2}$.

Solução: a probabilidade procurada será $P(n) = \dfrac{1}{7} \times \dfrac{1}{3} + \dfrac{1}{7} \times \dfrac{1}{6} \Rightarrow P(n) = \dfrac{1}{14}$.

Bibliografia

* HAZZAN; Samuel. Fundamentos da matemática elementar. Volume 5. Editora Atual, 7ª edição, 2006. São Paulo.

* ZAREMBA, Roberto, Matemática no ensino médio. Volume 1; Editora Ao livro Técnico, 1ª edição. 1998.

* MORGADO, Augusto César e CÉSAR, Benjamin, Raciocínio Lógico-Quantitativo. Editora ELSERVIER, 4ª edição Rio de Janeiro. 2009.

* FACCHINI, Walter, Matemática para a escola de hoje. Volume único. Editora FTD, 1ª edição. 2006. São Paulo.

* CABRAL, Luiz Cláudio e NUNES, Mauro César. Raciocínio Lógico e matemática para concursos. Editora ELSERVIER, 4ª edição. Rio de Janeiro. 2008.

* LAGES, Elon Lima; CEZAR, Paulo Pinto Carvalho; WAGNER, Eduardo; MORGADO, Augusto César. A matemática do ensino médio. Volume 2, Coleção do professor de matemática, 5ª edição. 2004. Rio de Janeiro.

* GENTIL, Nelson; MARCONDES, Carlos Alberto; GREGO, Antonio Carlos. Matemática para o 2º grau. Volume 3. Editora Ática, 7ª edição. 1998. São Paulo.

* IEZZI,Gelson; DOLCE, Osvaldo; DEGENSZAJN, David Mauro; PÉRIGO, Roberto. Matemática Volume Único. Editora Atual, 1ª edição. São Paulo. 1998.

* DANTE, Luiz Roberto. Matemática - contexto e aplicações. Volume Único. Editora.Ática, 3ª edição. São Paulo. 2008.

A Magia da Matemática
Atividades Investigativas, Curiosidades
e Histórias da Matemática 3ª Edição

Autor: Ilydio Pereira de Sá

200 páginas
3ª edição - 2010
Formato: 16 x 23
ISBN: 978-85-7393-941-5

"A magia da Matemática: atividades investigativas, curiosidades e histórias da Matemática" é um livro destinado a:
- pessoas que gostam da Matemática;
- pessoas que odeiam a Matemática;
- profissionais de Educação Matemática;
- licenciandos de Matemática e ciências afins;
- alunos dos cursos de Formação de Professores.

O livro pretende mostrar – através de atividades lúdicas, histórias sobre a Matemática e os matemáticos, desafios diversos e estudo de importantes conteúdos matemáticos – que a Matemática não é uma ciência difícil, árida, pesada, pronta, sem utilidade ou destinada apenas a um seleto grupo de "iniciados". A Matemática é para todos e pode ser estudada (e entendida!) de forma agradável e contextualizada.

O autor, com mais de 30 anos de experiência em classes da Educação Básica e do Ensino Superior, é mestre em Educação Matemática e tem se dedicado, entre outras atividades, à formação de profissionais na área.

À venda nas melhores livrarias.

EDITORA
CIÊNCIA MODERNA
WWW.LCM.COM.BR

Fundamentos da Matemática Financeira
2a. Edição Revista e Ampliada

Autor: Osmir Kmeteuk Filho

136 páginas
2ª edição - 2010
Formato: 16 x 23
ISBN: 978-85-7393-910-1

Este livro busca desenvolver o conhecimento da Matemática Financeira de maneira didática, objetiva e clara. Sua parte teórica aborda somente as formulações necessárias ao entendimento das relações matemáticas fundamentais. O conteúdo parte dos conceitos mais simples para os mais complexos. As séries de exercícios, além de revisar conteúdos da matemática básica, têm por objetivo desenvolver o raciocínio lógico do aluno.
O diferencial deste livro é o capítulo 7, que apresenta a resolução de exercícios que fazem uso de calculadoras científicas. Essa idéia surgiu devido a alguns fatores: primeiro, o alto custo das calculadoras financeiras; segundo, o manuseio dessas calculadoras muitas vezes não é amigável; terceiro, sendo este livro voltado à disciplina Matemática Financeira de diferentes cursos superiores, seu objetivo é mostrar ao aluno todo o raciocínio e análise matemática existente em algumas operações financeiras, fazendo com que este saiba tomar decisões com base em resultados obtidos através dos seus cálculos. Desta maneira, busca-se desenvolver no aluno a sua capacidade de interpretação, análise, modelagem e lógica por meio da resolução matemática dos problemas propostos.

À venda nas melhores livrarias.

EDITORA
CIÊNCIA MODERNA
WWW.LCM.COM.BR

Impressão e acabamento
Gráfica da Editora Ciência Moderna Ltda.
Tel: (21) 2201-6662